公認会計士試験

短答式試験対策シリーズ

財務会計論【計算問題編】

TAC公認会計士講座

アドバンスト問題集

JN007728

CERTIFIED PUBLIC ACCOUNTANT

TAC出版
TAC PUBLISHING Group

はじめに

本書は，好評いただいている『ベーシック問題集　財務会計論　計算問題編』の上級版として，本試験の質とレベルを具現化してスリムな１冊の問題集にまとめたものです。

論点の選別においても，問題の難易度においても，より本試験に近い質とレベルにあわせて編集してありますので，本試験での合格点突破をより確実なものにするための最適な問題集となっています。

この本に載っている問題を試してみてください。本試験の雰囲気がつかめるはずです。

なかには解説を読んでもピンとこないような，難しすぎると思われる問題もあるかもしれません。そんなときは，普段の勉強に使っている基本書に立ち戻り，該当論点についての理解を今一度，確認してください。問題を解こうとして悩み，間違えたあとですから，理解は一段と深まるはずです。

公認会計士短答式試験合格のために，ぜひ本書をご活用ください。

ＴＡＣ公認会計士講座

本書執筆にあたっては，令和５年４月１日以後開始する事業年度及び連結会計年度に適用される法令基準等に準拠しています。

公認会計士をめざす方へ

公認会計士試験の制度は平成18年度より新しくなりました。まず第一の関門である短答式試験の合格基準は,「総点数の70%を基準として,公認会計士・監査審査会が相当と認めた得点比率」とされています。

でもこれは,短答式試験の合格基準が低いことを意味するわけでは決してありません。短答式試験合格については,２年間の有効期間が設定されています。そのため,多くの受験者が第一の関門としての短答式試験を重視する傾向にあるのです。これから公認会計士に挑戦される方たちにとっても,短答式試験に向けての周到な準備がどうしても必要となります。

それでは,どのような準備が必要となるのでしょうか。他の誰もが得点できるレベルの基礎的な出題を落とさないこと,これが合格の第一条件だとすれば,これに加えて誰もが得点できるわけではない,より高度な出題に対して解答できること,これが合格の第二条件といえるでしょう。

そこで本書では,TAC公認会計士講座において過去に短答式答案練習で出題した問題を中心として,各分野の重要性を十分に吟味し,合格を確実なものにする問題を厳選収載しています。収載している問題,特に間違えた問題については,しっかり見直すようにしてください。

目　　次

Ⅰ　現金預金　　問題　解答・解説

問題1　現金預金①……… 2　110
問題2　現金預金②……… 4　112

Ⅱ　有価証券　　問題　解答・解説

問題3　有価証券①……… 6　114
問題4　有価証券②……… 8　118
問題5　有価証券③……… 9　120
問題6　有価証券④……… 10　122

Ⅲ　特殊商品売買　　問題　解答・解説

問題7　特殊商品売買……… 12　124

Ⅳ　固定資産　　問題　解答・解説

問題8　有形固定資産……… 14　126
問題9　リース取引……… 16　128
問題10　ソフトウェア……… 18　130
問題11　資産除去債務……… 20　132

Ⅴ　引当金・社債　　問題　解答・解説

問題12　貸倒引当金……… 22　136
問題13　退職給付会計……… 24　138
問題14　社債①……… 25　140
問題15　社債②……… 26　144

Ⅵ　純資産の部　　問題　解答・解説

問題16　分配可能額……… 27　146
問題17　新株予約権付社債……… 28　148

Ⅶ　外貨換算会計

		問題	解答・解説
問題18	在外子会社の換算	30	150
問題19	外貨建取引	32	152

Ⅷ　本支店会計

		問題	解答・解説
問題20	本支店会計	34	156

Ⅸ　キャッシュ・フロー計算書

		問題	解答・解説
問題21	直接法	36	160
問題22	間接法	38	162

Ⅹ　連結財務諸表

		問題	解答・解説
問題23	連結財務諸表①	40	164
問題24	連結財務諸表②	42	168
問題25	連結財務諸表③	44	170
問題26	連結財務諸表④	46	172
問題27	連結財務諸表⑤	48	176
問題28	連結財務諸表⑥	50	180
問題29	連結キャッシュ・フロー①	52	184
問題30	連結キャッシュ・フロー②	54	188

Ⅺ　税効果会計

		問題	解答・解説
問題31	税効果会計①	56	190
問題32	税効果会計②	58	194

Ⅻ　１株当たり情報

		問題	解答・解説
問題33	１株当たり情報①	60	196
問題34	１株当たり情報②	61	198

XⅢ　減損会計

		問題	解答・解説
問題35	減損会計①	62	200
問題36	減損会計②	63	202

XIV　デリバティブ・ヘッジ会計

	問題	解答・解説
問題37　デリバティブ	64	204
問題38　ヘッジ会計	66	206

XV　ストック・オプション

	問題	解答・解説
問題39　ストック・オプション①	68	210
問題40　ストック・オプション②	69	211

XVI　四半期財務諸表

	問題	解答・解説
問題41　四半期財務諸表	70	212

XVII　企業結合・事業分離

	問題	解答・解説
問題42　企業結合	72	216
問題43　事業分離①	75	221
問題44　事業分離②	76	222

XVIII　包括利益計算書

	問題	解答・解説
問題45　包括利益計算書	78	232

XIX　会計上の変更及び誤謬の訂正

	問題	解答・解説
問題46　会計上の変更及び誤謬の訂正	80	238

XX　収益認識に関する会計基準

	問題	解答・解説
問題47　収益認識①	81	240
問題48　収益認識②	82	242

XXI　工事契約

	問題	解答・解説
問題49　建設業会計	84	247

XXII 総合問題

		問題	解答・解説
問題50	総合問題①	86	248
問題51	総合問題②	92	258
問題52	総合問題③	98	268
問題53	総合問題④	104	284

問 題 編

Certified Public Accountant

□□□

問題 1 現金預金①

次の〔**資料Ⅰ**〕及び〔**資料Ⅱ**〕に基づき，(A)損益計算書における雑損失及び(B)貸借対照表における現金及び預金の組合せとして正しい金額の番号を一つ選びなさい。なお，当期は×5年3月31日を決算日とする1年である。

〔**資料Ⅰ**〕　決算整理前残高試算表の一部（単位：千円）

決算整理前残高試算表（一部）

現金	16,200	現金過不足	110
当座預金	354,600	雑収入	330
雑損失	870		

〔**資料Ⅱ**〕　決算整理事項等

1．決算日において当社の金庫を実査した結果，以下のものが保管されていた。なお，未処理事項修正後の現金勘定残高と実際有高との不一致額の原因は不明であったため，雑収入または雑損失として処理する。

邦貨建硬貨・紙幣：1,380千円
米ドル紙幣：30千ドル（×5年3月3日に取得したもの）
他社振出小切手：9,800千円
自社振出小切手：4,210千円
未渡小切手：3,800千円（営業費支払いのために作成したもの）
収入印紙：820千円
郵便為替証書：1,200千円
期限到来後社債利札：2,500千円（期中未処理である）

2．為替レート

×5年3月3日：115円／ドル　　×5年3月31日：120円／ドル

1.（A）　1,130千円　　（B）373,080千円
2.（A）　1,240千円　　（B）373,080千円
3.（A）　2,330千円　　（B）375,680千円
4.（A）　1,130千円　　（B）376,880千円
5.（A）　1,240千円　　（B）376,880千円
6.（A）　2,330千円　　（B）375,680千円

□□□

問題 2　現金預金②

次の〔**資料Ⅰ**〕～〔**資料Ⅲ**〕に基づき，空欄（A）の金額として正しい金額の番号を一つ選びなさい。なお，当期は×３年３月31日を決算日とする１年である。

〔**資料Ⅰ**〕　決算整理前残高試算表の一部（単位：千円）

決算整理前残高試算表（一部）

小口現金	5,000	
当座預金	（　A　）	
定期預金	93,500	

〔**資料Ⅱ**〕　決算整理事項等

1．当社は小口現金についてインプレスト・システムを採用している。なお，定額資金は 5,000千円であり，毎月末に支払報告を受け，補給している。

2．銀行残高証明書の金額は，甲銀行 ？ 千円（借方残高）及び乙銀行10,000千円（貸方残高）であり，当社における当座預金勘定の金額との差異原因は以下のとおりである。

(1) 甲銀行

①　取立依頼のため銀行に預け入れた小切手 2,000千円が未取立であった。

②　売掛金の決済に当たり 7,200千円が入金されたが，その連絡が未通知であった。

(2) 乙銀行

当座借越に係る利息 250千円が引き落とされていたが，その連絡が未通知であった。

3．〔**資料Ⅰ**〕の定期預金はすべて外貨建預金であり，その内訳は以下のとおりである。

(1) 金額： 300千ドル，預入日：×１年４月１日，預入期間：３年

(2) 金額： 500千ドル，預入日：×３年２月１日，預入期間：２年

〔**資料Ⅲ**〕　解答上の留意事項

1．当期の貸借対照表における現金及び預金の金額は 147,500千円である。

2．当社は各取引銀行と当座借越契約を結んでおり，一勘定法により処理している。

3．為替相場

×1年4月1日：110円／ドル　　×2年3月31日：115円／ドル

×3年2月1日：118円／ドル　　×3年3月31日：120円／ドル

1.　65,550千円	2.　89,050千円	3.　89,550千円
4.　91,550千円	5.　96,500千円	6.　99,300千円

□□□

問題　3　有価証券①

次の〔**資料**〕に基づき，当期の損益計算書における営業外収益と当期の貸借対照表の固定資産に計上される有価証券の組合せとして正しい金額の番号を一つ選びなさい。なお，当期は×５年３月31日を決算日とする１年である。

〔**資料**〕

1．決算整理前残高試算表の一部（単位：千円）

決算整理前残高試算表

投資有価証券	104,476	
関係会社株式	24,000	

2．有価証券に関する事項は以下のとおりである。

銘　柄	取得原価	前期末時価	当期末時価	分　類	備　考
A 社 社 債	66,326千円	—	67,250千円	満期保有	(注１)
B 社 株 式	35,000千円	—	11,900千円	そ の 他	(注２)
C 社 株 式	24,000千円	—	—	関係会社	(注３)
D社新株予約権	3,150千円	3,480千円	？ 千円	そ の 他	(注４)
D 社 株 式	？ 千円	—	62,000千円	売買目的	(注４)

(注１) ×４年７月１日に取得したものであり，額面70,000千円，償還日×７年６月30日，券面利子率５％，利払日６月末である。取得原価と額面との差額は金利の調整と認められるため，償却原価法（利息法，実効利子率７％）を適用する。

(注２) 当期に取得したものである。なお，当期末における時価の回復可能性は不明である。

(注３) 当社はＣ社の発行済株式のうち25％を保有している。なお，当期末におけるＣ社の貸借対照表上の金額は以下のとおりである。

諸資産：90,000千円　諸負債：46,000千円　純資産：44,000千円

（注４）Ｄ社新株予約権は前期に63千円／個で50個（１個につき 1,000株付与）を取得したものであり，権利行使期間は×７年３月31日に満了する。×４年11月30日に10個を権利行使し，権利行使価格６千円／株を小切手を振り出して支払ったが，未処理である。なお，当該新株予約権の時価は権利行使時67千円／個，当期末65千円／個であった。

３．その他有価証券の評価差額については全部純資産直入法を採用している。

４．計算過程で端数が生じる場合は千円未満を四捨五入すること。

５．税効果会計は無視すること。

	営業外収益	固定資産に計上される有価証券
1.	4,852千円	92,683千円
2.	4,852千円	92,603千円
3.	4,892千円	92,603千円
4.	4,892千円	90,083千円
5.	3,482千円	92,683千円
6.	3,482千円	90,083千円

□
□
□

問題　4　有価証券②

次の〔資料〕に基づき，当期貸借対照表の流動資産に計上される有価証券として正しい金額の番号を一つ選びなさい。なお，当期は×８年３月31日を決算日とする１年である。

〔資料〕

1．A社株式は×８年３月29日に短期的な時価の変動により利益を得ることを目的として購入契約を締結したものであり，取得原価18,360千円，当期末時価19,200千円であった。なお，当該株式の受け渡しは×８年４月３日に行われる予定である。

2．B社株式は×８年３月３日に甲社から借り入れたものであり，借入時における時価14,310千円，当期末時価14,400千円である。なお，借入の際に現金担保13,770千円を差し出している。

3．C社株式はその他有価証券として×８年１月５日に取得したものであり，取得原価16,000千円，当期末時価15,900千円である。なお，C社は当社の発行済株式の80%を所有している。当社はC社株式を決算日後１年以内に処分する見込みである。

4．有価証券の発生の認識については，約定日基準を採用している。

5．その他有価証券の評価差額の処理については，全部純資産直入法を採用している。

6．税効果会計は無視する。

1.　49,500千円　　2.　19,200千円　　3.　16,740千円
4.　35,100千円　　5.　33,600千円　　6.　48,870千円

問題 5　有価証券③

□
□
□

当期（×３年４月１日～×４年３月31日）における以下の〔資料〕に基づき，当期の貸借対照表に計上されるその他有価証券評価差額金として正しい金額の番号を一つ選びなさい。

〔資料〕

１．株式及び債券に関する保有状況は以下のとおりである。なお，すべてその他有価証券として保有している。

銘　柄	取得原価	取得日レート	当期末時価	取　得　日	備考
A社株式	27,000千円	—	26,500千円	×３年４月１日	—
B社株式	11,000千円	—	11,100千円	×４年３月30日	注１
C社株式	200千ドル	107円／ドル	210千ドル	×３年６月10日	—
D社社債	180千ドル	106円／ドル	184千ドル	×３年10月１日	注２

（注１）証券会社との間で×４年３月30日に11,000千円で購入する契約を締結したもので，株券と代金の授受は×４年４月３日に行われる予定である。

（注２）額面 200千ドル，満期日×８年９月30日，年利率 2.4%，利払日９月末。なお，取得原価と額面金額との差額は金利の調整部分と認められるため，償却原価法（定額法）を適用する。

２．有価証券の売買は，修正受渡日基準により処理している。

３．その他有価証券については全部純資産直入法により処理している。また，その他有価証券の評価差額には税効果会計を適用し，実効税率は40%とする。

４．為替相場

期中平均：110円／ドル　　×４年３月31日：115円／ドル

５．債券については，為替相場の変動に伴う換算差額を為替差損益として処理している。

1.　588千円　　2. 1,488千円　　3. 1,548千円
4. 1,848千円　　5. 2,526千円　　6. 2,580千円

□□□

問題 6　有価証券④

次の〔資料〕に基づき，当期貸借対照表における(A)関係会社株式及び(B)その他有価証券評価差額金の組合せとして正しい金額の番号を一つ選びなさい。なお，当期は×５年３月31日を決算日とする１年である。

〔資料〕

１．当期首に保有していた有価証券の内訳は次のとおりである。

銘　柄	取得原価	株式数	前期末時価	持株比率	保有目的
A社株式	@10.0千円	3,000株	@10.5千円	10%	売買目的有価証券
B社株式	@14.5千円	5,000株	@18.0千円	5%	売買目的有価証券
C社株式	@21.2千円	4,000株	@20.1千円	25%	関連会社株式
D社株式	@32.5千円	8,000株	@30.4千円	16%	その他有価証券

２．当期末に保有していた有価証券の内訳は次のとおりである。

銘　柄	取得原価	株式数	当期末時価	持株比率	保有目的
A社株式	@　?　千円	7,500株	@13.5千円	25%	関連会社株式
B社株式	@　?　千円	5,000株	@19.4千円	5%	その他有価証券
C社株式	@　?　千円	2,400株	@21.9千円	15%	その他有価証券
D社株式	@　?　千円	11,500株	@34.0千円	23%	関連会社株式

３．当期中の有価証券の売買等に関する資料

(1) A社株式

①　×４年４月14日に 2,000株を26,000千円（@13.0千円）で追加取得した。

②　×４年４月28日に 2,500株を35,000千円（@14.0千円）で追加取得したため，A社の発行済株式総数の25%を保有することになり，関連会社株式となった。

(2) B社株式

×４年12月８日に保有目的をその他有価証券に変更した。なお，変更時のB社株式の時価は@18.7千円であった。

(3) C社株式

×4年7月7日に 1,600株を35,200千円（@22.0千円）で一部売却したため，C社は関連会社に該当しなくなり，保有目的区分をその他有価証券に変更した。

(4) D社株式

×5年3月14日に 3,500株を 115,500千円（@33.0千円）で追加取得したため，D社の発行済株式総数の23%を保有することになり，関連会社株式となった。

4．売買目的有価証券については洗替方式，その他有価証券については全部純資産直入法を採用している。

5．税効果会計は無視する。

1.（A） 484,500千円　（B） 9,180千円
2.（A） 480,500千円　（B） 9,180千円
3.（A） 480,500千円　（B） 5,180千円
4.（A） 484,500千円　（B） 5,180千円
5.（A） 484,500千円　（B） 7,260千円
6.（A） 480,500千円　（B） 7,260千円

□□□

問題 7 特殊商品売買

次の〔**資料Ⅰ**〕及び〔**資料Ⅱ**〕に基づき，損益計算書における売上総利益として正しい金額の番号を一つ選びなさい。

〔**資料Ⅰ**〕　決算整理前残高試算表の一部（単位：千円）

決算整理前残高試算表（一部）

繰越商品	180,000	一般売上	1,100,000
試用品	419,000	試用売上	539,000
仕入	1,199,690		

〔**資料Ⅱ**〕　商品売買に関する事項

1．一般販売

(1) 一般販売原価率は毎期異なるが，期中は一定である。

(2) 原価率は前期が65%，当期が70%である。

(3) 期末手許商品帳簿棚卸高は 210,000千円である。なお，棚卸減耗等は生じていない。

2．試用販売

(1) 三分法（期末一括法）により記帳しており，試用売価は毎期一般売価の10%増である。

(2) 前期末時点で買取の意思表示のなかった試送品78,000千円（原価）については，当期中にすべて買取の意思表示を受けている。

1.　92,010千円	2.　98,010千円	3.　118,960千円
4.　126,310千円	5.　132,310千円	6.　150,810千円

□□□

問題 8　有形固定資産

次の〔**資料Ⅰ**〕及び〔**資料Ⅱ**〕に基づき，損益計算書に計上される販売費及び一般管理費の合計として正しい金額の番号を一つ選びなさい。なお，当期は×４年３月31日を決算日とする１年である。

〔**資料Ⅰ**〕　決算整理前残高試算表の一部（単位：千円）

決算整理前残高試算表

建　　　　物	480,000	建物減価償却累計額	378,000
備　　　　品	280,000	備品減価償却累計額	93,600
修　繕　費	45,000		

〔**資料Ⅱ**〕　決算整理事項

１．減価償却は次のとおり行う。

種　　類	償却方法	耐用年数	残存価額
建　　物	定 額 法	40年	10%
備　　品	定 額 法	10年	10%

２．建　物

〔**資料Ⅰ**〕の建物は期首より35年前に一括取得したものであるが，そのうち取得原価 100,000千円を他社に賃貸している。また，当期首において本社建物のうち取得原価 200,000千円について修繕を行ったが，支払額45,000千円を修繕費勘定に計上したのみである。当該修繕の結果，期首からの残存耐用年数が15年になったため，耐用年数延長部分に相当する支払額を資本的支出とする。なお，資本的支出部分にも残存価額10%を認める。

３．備　品

〔**資料Ⅰ**〕の備品のうち取得原価 120,000千円（当期首までに６年経過）は，当期に新技術の発明により，機能的に陳腐化が著しく当期首から２年しか利用できないものと推定された。

1. 43,350千円　　2. 43,950千円　　3. 54,300千円
4. 58,350千円　　5. 60,600千円　　6. 88,350千円

□□□ 問題 9

リース取引

次の〔**資料**〕に基づき，A社の当期（×８年４月１日～×９年３月31日）の貸借対照表におけるリース資産（減価償却累計額控除後）及び固定負債に計上されるリース債務の合計として，正しい金額の番号を一つ選びなさい。なお，計算過程において千円未満の端数が生じるときは，百円の位を随時四捨五入すること。

〔**資料**〕

１．A社は，所有していた備品を×７年４月１日にリース会社に30,000千円で売却すると同時に，当該備品のリースを受ける契約を結び，備品売却後も当該備品を継続して営業のために使用している。

２．リース会社に売却した備品の内容は以下のとおりである。

(1) 取得年月日：×３年４月１日
(2) 取得原価：48,000千円
(3) 耐用年数：８年
(4) 残存価額： 4,800千円
(5) 償却方法：定額法

３．リース会社と締結したリース契約の内容は以下のとおりである。

(1) リース契約日：×７年４月１日
(2) リース取引の分類：ファイナンス・リース取引
(3) リース期間：×７年４月１日から×11年３月31日までの４年間
(4) リース料：毎年 8,000千円
(5) リース料支払日：×７年４月１日を第１回支払日とし，毎年４月１日
(6) 所有権移転条項：有り

4．上記リース取引におけるＡ社の会計処理は以下のとおりである。

(1) リース資産

① 耐用年数：４年

② 残存価額： 4,800千円

③ 償却方法：定額法

④ リースした備品の機能及び劣化状況等から，耐用年数及び残存価額について当初の見積もりの変更は必要ないと判断している。

(2) リース債務に係る利息相当額の算定方法

計算利子率4.48%を用いて，利息法により利息相当額の計算を行っている。

(3) 備品をリース会社に売却した際に生じた売却益は，長期前受収益として繰延処理し，毎期均等額を償却している。

1. 24,729千円　　2. 25,057千円　　3. 26,857千円
4. 31,357千円　　5. 32,257千円　　6. 32,396千円

□□□

問題 10　ソフトウェア

次の〔**資料**〕に基づき，当期の貸借対照表に計上されるソフトウェアとして正しい金額の番号を一つ選びなさい。なお，当期は×７年３月31日を決算日とする１年である。

〔**資料**〕　ソフトウェアＴ及びソフトウェアＳに関するデータ

1．×５年度期首に無形固定資産としてソフトウェアＴ及びソフトウェアＳの制作費を計上した。

2．見込販売数量を基準に減価償却を行っている。なお，見込有効期間は３年である。

3．販売開始時における見込販売数量等

	ソフトウェアＴ		ソフトウェアＳ	
制作費	480,000千円		720,000千円	
	見込販売数量	見込販売収益	見込販売数量	見込販売収益
×５年度	2,300個	368,000千円	2,600個	910,000千円
×６年度	2,600個	312,000千円	3,400個	986,000千円
×７年度	1,500個	105,000千円	2,000個	560,000千円

4．ソフトウェアＴは，×５年度及び×６年度において当初の見込みどおりに販売された。なお，見込販売数量等に変更はない。

5．ソフトウェアＳは，×５年度において当初の見込みどおりに販売された。しかし，×６年度において，当初予見できなかった事情により，実績販売数量等が以下のように著しく減少した。

	ソフトウェアＳ	
	実績販売数量	実績販売収益
×５年度	2,600個	910,000千円
×６年度	1,500個	435,000千円

6．5．の事実を踏まえ，当社はソフトウェアＳについて，×７年度の見込販売数量等の見直しを以下のように行った。

	ソフトウェアＳ	
	見込販売数量	見込販売収益
×７年度	900個	252,000千円

7．計算過程で端数が生じた場合には千円未満を随時四捨五入すること。

1. 345,000千円　　2. 183,750千円　　3. 352,500千円
4. 191,250千円　　5. 451,667千円　　6. 442,500千円

Ⅳ固定資産

□
□
□

問題 11　資産除去債務

下記の〔**資料**〕に基づき，X５年３月期の損益計算書に計上される減価償却費と貸借対照表に計上される資産除去債務の合計として，正しい金額の番号を一つ選びなさい。なお，計算過程で端数が生じる場合には，金額については千円未満を，％については小数点第２位未満を四捨五入すること。

〔**資料**〕

１．L社はX１年４月１日に設備 5,000千円を取得し，使用を開始した。L社には当該設備を使用後に除却する法的義務がある。

２．当該設備について，耐用年数５年，残存価額ゼロで定額法により減価償却を行う。

３．資産除去債務は取得時のみ発生し，取得後の増減は見積りの変更によるものである。なお，各時点における見積りは以下のとおりである。

年　月　日	除去時に必要な将来キャッシュ・フローの見積額	割引率
X１年４月１日	５年後の見積額は 3,650千円であった。	4.0%
X２年３月31日	４年後の見積額に変更はない。	4.0%
X３年３月31日	３年後の見積額は 4,355千円に増加した。	3.8%
X４年３月31日	２年後の見積額は 3,030千円に減少した。	4.3%
X５年３月31日	１年後の見積額に変更はない。	4.2%

（注）将来キャッシュ・フローの減少部分に適用すべき割引率は特定できない。

1.　3,991千円　　2.　4,092千円　　3.　4,093千円
4.　4,109千円　　5.　4,111千円　　6.　4,113千円

□
□
□

問題 12　貸倒引当金

次の〔**資料**〕に基づき，(A)当期損益計算書に計上される受取利息と(B)当期貸借対照表に計上される貸倒引当金の差額として正しい金額の番号を一つ選びなさい。なお，当期は×７年３月31日を決算日とする１年である。

〔**資料**〕　当社の貸付金に関する事項等

1．対Ａ社貸付金

(1) 当社は×５年４月１日において，Ａ社に対し，利率年３%，利払日３月末，返済日×９年３月31日の条件で 200,000千円を貸し付けた。

(2) Ａ社は，経営破綻の状態には至っていないが，債務の弁済に重大な問題が生じる可能性が高い。そのため，当期末において，当社は対Ａ社貸付金を貸倒懸念債権に分類し，財務内容評価法により貸倒見積高を算定する。

(3) 担保の処分見込額及び保証による回収見込額は，43,000千円及び 9,000千円であり，債権金額から担保の処分見込額及び保証による回収見込額を控除した残額の50%が貸倒れると予想される。

2．対Ｂ社貸付金

(1) 当社は×３年４月１日において，Ｂ社に対し，利率年５%，利払日３月末，返済日×８年３月31日の条件で 500,000千円を貸し付けた。

(2) Ｂ社より×６年３月末の利払後に条件緩和の要請があり，当社は以後の利息を利率年２%に引き下げることに合意した。これに伴い，前期末において，当社は対Ｂ社貸付金を貸倒懸念債権に分類し，キャッシュ・フロー見積法により貸倒見積高を算定している。

３．対Ｃ社貸付金

(1) 当社は×６年４月１日において，近々融資業務からの撤退を予定する甲社より，対Ｃ社貸付金（債権金額 1,123,600千円，利率年４％，利払日３月末，返済日×８年３月31日）を 1,082,400千円で取得した。債権金額と取得価額との差額は金利の調整であるため，償却原価法（実効利子率年６％）を適用する。

(2) Ｃ社より当期の利払後に条件緩和の要請があり，当社は以後の利息を免除するとともに，元本返済期日を１年延長することに合意した。当社は対Ｃ社貸付金を貸倒懸念債権に分類し，キャッシュ・フロー見積法により貸倒見積高を算定する。

４．計算過程において端数が生じた場合は，最終数値の千円未満を四捨五入すること。

1. 102,137千円　　2. 110,389千円　　3. 117,337千円
4. 122,263千円　　5. 96,137千円　　6. 285,235千円

□
□
□

問題 13　退職給付会計

次の〔資料〕に基づいて，当期における退職給付費用として正しい金額の番号を一つ選びなさい。なお，当期は×４年３月31日を決算日とする１年である。

〔資料〕　退職給付に関する事項

1．×２年度末における退職給付に係るデータは以下のとおりである。

退職給付債務	200,000千円
年金資産	87,000千円
未認識過去勤務費用	1,440千円（損失）
未認識数理計算上の差異	1,000千円（損失）
退職給付引当金	110,560千円

（注）未認識過去勤務費用は，×２年度期首に発生したものである。

2．当期における数理計算の結果，勤務費用が10,570千円，利息費用が 9,100千円及び期待運用収益が 2,610千円と計算された。

3．当期における年金基金からの年金支払額は 5,500千円，年金基金への拠出額は12,000千円であった。なお，年金基金への拠出額のうち 3,000千円は従業員からの拠出額である。

4．未認識過去勤務費用の費用処理は，発生年度から10年間の定額法により行っている。

5．未認識数理計算上の差異の費用処理は，発生年度から10年間の定率法（定率20.6%）により行っている。

6．期末における退職給付債務の実際額及び年金資産の公正評価額は 214,170千円及び95,610千円であった。

1.　14,426千円　　2.　14,513千円　　3.　14,529千円
4.　17,426千円　　5.　17,529千円　　6.　20,529千円

問題 14 社債①

次の〔資料〕に基づき，当期の損益計算書における社債利息として正しい金額の番号を一つ選びなさい。なお，当期は×６年３月31日を決算日とする１年である。

〔資料〕

１．社債は×４年１月１日に以下の条件で発行したものである。

額面総額： 500,000千円

払込金額：@ 100円につき@97円

償　　還：毎年12月末に 100,000千円ずつ償還

利 払 日：毎年12月末

年 利 率：3.65%

２．×５年６月30日において額面 100,000千円（×８年12月31日償還予定分）を98,700千円（利付相場）で繰上償還し，代金は当座により支払った。

３．社債利息については端数利息のみ日割計算し，その他は月割計算とする。

４．償却原価法（定額法）を適用し，償却額は資金の利用高に応じて月割償却する。

５．社債の償還は適正に行われており，社債利息は順調に支払われている。

1.　11,935千円　　2.　13,685千円　　3.　13,925千円

4.　13,935千円　　5.　13,950千円　　6.　17,585千円

□□□

問題 15　社債②

次の〔**資料**〕に基づき，当期損益計算書における社債利息と社債償還損の合計として正しい金額の番号を一つ選びなさい。なお，当期は×７年３月31日を決算日とする１年である。

〔**資料**〕

１．×４年４月１日に以下の条件で普通社債を発行した。

　　額 面 総 額： 1,000,000千円
　　払 込 金 額： 　950,000千円
　　償 還 期 限：×９年３月31日
　　利　払　日：毎年３月末
　　契約利子率：年４％

２．×６年６月30日に，上記社債の20%を 195,053千円（裸相場）で買入償還した。なお，前期以前に買入償還は行っていない。

３．償却原価法（実効利子率：年5.16%）を適用している。

４．利息についてはすべて月割計算すること。

５．計算上生じる千円未満の端数は，百円の位をその都度四捨五入すること。

1.　41,332千円　　2.　42,833千円　　3.　42,837千円
4.　43,053千円　　5.　43,332千円　　6.　44,837千円

問題 16　分配可能額

□
□
□

次の〔資料Ⅰ〕～〔資料Ⅲ〕に基づき，×６年９月30日における分配可能額として正しい金額の番号を一つ選びなさい。なお，当期は×７年３月31日を決算日とする１年である。

〔資料Ⅰ〕　株主資本等変動計算書の一部（単位：千円）

	資本金	資本準備金	その他資本剰余金	利益準備金	繰越利益剰余金	自己株式
×6年3月31日残高	980,000	72,000	20,000	54,000	100,000	△36,000

〔資料Ⅱ〕　当期において９月30日までに行われた取引の一部

日付	概要
６月20日 (株主総会)	その他資本剰余金からの配当 2,000千円及び繰越利益剰余金からの配当 8,000千円が決議され，準備金 1,000千円を積み立てた。
８月５日	前期から保有する自己株式（簿価： 3,000千円）の消却が決議され，その法的手続が完了した。
９月28日	前期から保有する自己株式（簿価： 9,000千円）を11,000千円で処分した。

〔資料Ⅲ〕　解答上の留意事項

×６年９月30日に作成した臨時計算書類における臨時期間純利益は27,000千円である。

1. 111,000千円　　2. 114,000千円　　3. 109,000千円
4. 100,000千円　　5. 73,000千円　　6. 108,000千円

□□□

問題 17　新株予約権付社債

次の〔**資料Ⅰ**〕及び〔**資料Ⅱ**〕に基づいて，(A)当期における資本準備金の増加額と(B)当期貸借対照表における社債の組合せとして正しい金額の番号を一つ選びなさい。なお，当期は×４年３月31日を決算日とする１年である。

〔**資料Ⅰ**〕　当社の期中取引に関する事項

1．当社は×３年４月１日に，転換社債型新株予約権付社債を発行した。当該社債に関する発行条件及び処理方法は，以下のとおりである。

額面金額	社債一口につき 1,000ドル
払込金額	社債一口につき 1,000ドル
発行総数	8,000口
償還期限	×８年３月31日
券面利率	利息は付さない
新株予約権の行使期間	×３年７月１日～×８年１月31日
交付株式数	？　株（注）
新株予約権付社債の処理方法	一括法

（注）交付株式数は，以下の算式により算定する

$$交付株式数＝\frac{社債額面金額×転換レート100円／ドル}{転換価格1,000円}$$

2．×３年11月11日に新株予約権のうち25%が行使され，新株を交付した。なお，新株発行に際し，１株あたり 950円を資本金に組み入れている。

〔**資料Ⅱ**〕　当期の為替レートに関する事項

1．当期の直物為替レートに関するデータは，以下のとおりである。

×３年４月１日	×３年11月11日	×４年３月31日
115円／ドル	？ 円／ドル	119円／ドル

2．当該社債に係る当期の為替差損は30,000千円である。

1.（A） 40,000千円　　（B）690,000千円
2.（A） 40,000千円　　（B）714,000千円
3.（A） 46,000千円　　（B）690,000千円
4.（A） 46,000千円　　（B）714,000千円
5.（A） 70,000千円　　（B）714,000千円
6.（A） 70,000千円　　（B）690,000千円

Ⅵ純資産の部

□□□

問題 18　在外子会社の換算

当社は，アメリカにおいて完全子会社であるA社を有している。そこで，次の〔資料Ⅰ〕～〔資料Ⅲ〕に基づき，A社の円換算後のキャッシュ・フロー計算書における「現金及び現金同等物に係る換算差額」として正しい金額の番号を一つ選びなさい。

〔**資料Ⅰ**〕　A社の外貨建キャッシュ・フロー計算書の概要

① 営業活動によるキャッシュ・フロー：　15,500千ドル
② 投資活動によるキャッシュ・フロー：△ 10,000千ドル
③ 財務活動によるキャッシュ・フロー：△ 5,000千ドル
④ 現金及び現金同等物の期首残高：　12,000千ドル

〔**資料Ⅱ**〕　期中取引において特記すべき事項

A社は配当金 120千ドルを支払った。

〔**資料Ⅲ**〕　キャッシュ・フロー計算書作成に係る為替相場

① 前期末決算時：110円／ドル
② 期中平均：115円／ドル
③ 当期末決算時：120円／ドル
④ 配当時：113円／ドル

1. 122,260千円　　2. 302,260千円　　3. 122,500千円
4. 108,940千円　　5. 180,000千円　　6. 0千円

□□□

問題 19 外貨建取引

次の〔資料Ⅰ〕～〔資料Ⅲ〕に基づき，下記ア～エの記述のうち正しいものが二つある。その組合せの番号を一つ選びなさい。なお，当社の事業年度は３月31日を決算日とする１年である。

〔資料Ⅰ〕　外貨建取引に関する事項

１．×７年３月20日に，×７年５月１日に予定されている輸出取引 700千ドルに対して，当該取引をヘッジする目的で代金決済の予想期日である６月30日を決済期日とする為替予約を行った。なお，当該輸出取引は実行される可能性が極めて高いものであり，ヘッジ会計の要件も満たしている。

２．当初の予定通り，×７年５月１日に商品を 700千ドルで掛により売り上げた。

３．×７年６月30日に，上記掛代金 700千ドルと為替予約を決済した。

〔資料Ⅱ〕　直物レート及び先物レートの変動状況

	直物レート	先物レート
×７年３月20日	125円／ドル	123円／ドル
×７年３月31日	122円／ドル	120円／ドル
×７年５月１日	118円／ドル	117円／ドル
×７年６月30日	116円／ドル	―

〔資料Ⅲ〕　解答上の留意事項

１．為替予約について振当処理を採用する場合には，外貨建取引及び外貨建金銭債権債務に先物レートによる円換算額を付す方法によること。

２．税効果会計を適用する際の実効税率は毎期40％とする。

ア．為替予約について独立処理を採用した場合の方が，振当処理を採用した場合に比べて×７年３月期の貸借対照表における純資産の部が 1,260千円大きくなる。

イ．為替予約について独立処理を採用した場合の方が，振当処理を採用した場合に比べて×７年３月期の損益計算書における経常利益が 1,260千円大きくなる。

ウ．為替予約について独立処理を採用した場合の方が，振当処理を採用した場合に比べて×８年３月期の損益計算書における売上総利益が 700千円大きくなる。

エ．為替予約について独立処理を採用してしたとしても，振当処理を採用したとしても，×８年３月期の損益計算書の経常利益に与える影響は86,100千円で同じである。

1. アイ　　2. アウ　　3. アエ　　4. イウ　　5. イエ　　6. ウエ

□□□ 問題 20

本支店会計

次の〔**資料Ⅰ**〕～〔**資料Ⅳ**〕に基づき，帳簿上，次期に繰り越される本店勘定として正しい金額の番号を一つ選びなさい。

〔**資料Ⅰ**〕　決算整理前残高試算表の一部(単位：千円)

決算整理前残高試算表

借　方	本　店	支　店	貸　方	本　店	支　店
繰越商品	(　　)	(　　)	繰延内部利益	(　　)	(　　)
支　　店	281,300	—	本　　店	—	234,500
仕　　入	936,000	660,000	A商品売上	672,000	528,000
本店仕入	—	(　　)	B商品売上	325,000	533,000
支店仕入	(　　)	—	支店売上	(　　)	—
			本店売上	—	(　　)

〔**資料Ⅱ**〕　商品のデータ（棚卸減耗等は生じていない）

1．本　店

	A 商 品	B 商 品
期首手許商品	1,000個	350個
期末手許商品	1,200個	？ 個

2．支　店

	A 商 品	B 商 品
期首手許商品	400個	800個
期末手許商品	450個	600個

3．毎期の各商品の仕入価格，売価（本店及び支店ともに同額）及び振替価格

	仕入価格	売　　価	振替価格
A 商 品	@ 120千円	@ 160千円	@ 140千円
B 商 品	@ 100千円	@ 130千円	@ 115千円

〔**資料Ⅲ**〕　未達事項

1．期首未達

(1) 本店は支店へA商品 100個を送付したが，支店に未達である。

(2) 本店は支店負担の営業費 2,000千円を立替払いしたが，その連絡が支店に未達である。

2．期末未達

(1) 本店は支店へA商品 ? 個を送付したが，支店に未達である。

(2) 支店は本店へB商品 ? 個を送付したが，本店に未達である。

(3) 支店は本店の得意先へB商品 250個を直接掛売上したが，その連絡が本店に未達である。

(4) 本店は支店の売掛金 8,700千円を決済したが，その連絡が支店に未達である。

〔**資料Ⅳ**〕　解答上の留意事項

1．本店は外部からA商品を仕入れ，外部に販売するとともに，支店にも送付している。また，支店から送付されたB商品を外部に販売している。

2．支店は外部からB商品を仕入れ，外部に販売するとともに，本店にも送付している。また，本店から送付されたA商品を外部に販売している。

3．支店が本店の得意先と直接取引をした場合には，一旦本店と支店の間に取引があったものとして処理する。

4．内部利益調整前の本店利益及び支店利益はそれぞれ50,000千円及び30,000千円である。

1.　273,800千円　　2.　274,800千円　　3.　276,050千円

4.　277,550千円　　5.　278,300千円　　6.　279,050千円

□□□ 問題 21

直接法

次の〔**資料Ⅰ**〕及び〔**資料Ⅱ**〕に基づき，(A)営業活動によるキャッシュ・フローと(B)現金及び現金同等物の期末残高の組合せとして正しい金額の番号を一つ選びなさい。なお，当期は×３年３月31日を決算日とする１年である。

〔**資料Ⅰ**〕　当期のキャッシュ・フロー計算書（一部，単位：千円）

キャッシュ・フロー計算書

Ⅰ　営業活動によるキャッシュ・フロー	
営業収入	(　　　　)
商品の仕入れによる支出	△1,255,000
人件費の支出	△　237,110
その他の営業支出	△　378,830
小計	(　　　　)
利息及び配当金の受取額	4,260
利息の支払額	(　　　　)
営業活動によるキャッシュ・フロー	(　　　　)
Ⅱ　投資活動によるキャッシュ・フロー	
定期預金の預入による支出	(　　　　)
定期預金の払戻による収入	(　　　　)
投資活動によるキャッシュ・フロー	(　　　　)
Ⅲ　財務活動によるキャッシュ・フロー	
リース債務の返済による支出	(　　　　)
社債の発行による収入	(　　　　)
財務活動によるキャッシュ・フロー	(　　　　)

〔**資料Ⅱ**〕　その他の留意事項

１．現金同等物は預入期間３ヶ月以内の定期預金のみである。

２．当社は掛により商品を売り上げ，掛決済は当座により行われる。

３．当期の売上高は 1,978,000千円である。このうち21,800千円は，×２年５月８日（直物為替相場 109円／ドル）に米国のA社に対して商品を 200千ドルで売り上げたものである。当該取引に係る掛代金は×２年７月７日（直物為替相場 107円／ドル）に無事決済されている。当該取引以外に外貨建売上取引はない。

4．当期末における売掛金勘定残高は前期末より18,000千円増加している。

5．定期預金の概要は次のとおりである。なお，括弧内は直物為替相場を示している。

金　額	預　入　日	満　期　日
99,800千円	×1年7月1日	×2年6月30日
9,000千円	×2年3月1日	×2年5月31日
200千ドル	×2年12月1日 (104円／ドル)	×3年11月30日 (？ 円／ドル)
100千ドル	×3年2月1日 (101円／ドル)	×3年4月30日 (？ 円／ドル)

6．決算日における直物為替相場は，前期 111円／ドル及び当期99円／ドルである。

7．×2年4月1日より所有権移転ファイナンス・リース取引により備品を調達している。当期のリース料の支払額は34,970千円であり，そのうち 6,200千円は利息相当額である。

8．長期借入金に係る利息 3,000千円を当座により支払った。

9．×2年4月1日に社債を発行し，57,600千円の払込を受けた。額面60,000千円，年利率4％（利払毎年3月末），償還日×5年3月31日であり，償却原価法（定額法）を適用する。なお，発行時に社債発行費 300千円を支出している。

10．当期の損益計算書における支払利息及び社債利息の合計額は12,400千円である。なお，当期及び前期の貸借対照表において，利息に係る経過勘定はない。

11．当期のキャッシュ・フロー計算書における現金及び現金同等物の期首残高は 142,200千円である。

1.（A） 81,320千円　　（B）330,850千円
2.（A） 87,520千円　　（B）330,850千円
3.（A） 81,320千円　　（B）331,050千円
4.（A） 87,520千円　　（B）329,750千円
5.（A） 87,520千円　　（B）329,850千円
6.（A） 81,320千円　　（B）331,050千円

□□□ 問題 22

間接法

以下の〔**資料Ⅰ**〕～〔**資料Ⅲ**〕に基づき，当期（×４年４月１日～×５年３月31日）の税引前当期純利益として正しい金額の番号を一つ選びなさい。

〔**資料Ⅰ**〕　貸借対照表の一部（単位：千円）

	前　期 ×４年３月31日	当　期 ×５年３月31日
売　掛　金	124,800	144,800
貸倒引当金	3,120	3,620
商　　　品	95,400	100,300
建　　　物	345,000	321,000
土　　　地	500,000	530,000
買　掛　金	74,200	80,200
役員賞与引当金	1,750	1,620

（注）建物は減価償却累計額控除後の金額である。

〔**資料Ⅱ**〕　営業譲受に関する事項

1．×４年８月１日に当社はＳＤ社の甲事業部門を買収した。

2．甲事業部門の×４年８月１日における資産及び負債は以下のとおりである。
　現金預金： 1,500千円　売 掛 金：11,200千円　土　　地：30,000千円
　買 掛 金： 9,900千円

3．当期のキャッシュ・フロー計算書における「投資活動によるキャッシュ・フロー」の区分に記載されている「事業譲受に伴う支出」の金額は38,800千円である。

4．甲事業部門の純資産額と買収価額との差額はのれんとして処理し，最長償却期間にわたり月割償却する。

〔**資料Ⅲ**〕　解答上の留意事項

1．当社の現金預金は現金及び当座預金のみである。

2．〔**資料Ⅰ**〕の貸倒引当金はすべて売上債権に係るものである。

3．当期において，建物の購入，売却及び除却取引はなかった。

4．当期のキャッシュ・フロー計算書における「営業活動によるキャッシュ・フロー」の小計欄の金額は66,600千円である。

1.　58,830千円　　2.　59,450千円　　3.　59,580千円

4.　59,630千円　　5.　59,830千円　　6.　60,880千円

□□□

問題 23　連結財務諸表①

次の〔**資料Ⅰ**〕～〔**資料Ⅳ**〕に基づき，当期の連結損益計算書における親会社株主に帰属する当期純利益の金額として正しい金額の番号を一つ選びなさい。なお，Ｐ社及びＳ社の当事業年度並びに当連結会計年度はＸ８年３月31日を決算日とする１年である。

〔**資料Ⅰ**〕　Ｓ社の資本状況等

1．Ｘ１年４月１日においてＳ社が設立され，設立に際し株式20,000株を発行した。
2．Ｘ６年３月31日におけるＳ社純資産は，資本金 500,000千円，利益剰余金 250,000千円であった。なお，Ｓ社はＸ５年度において利益剰余金を原資とする剰余金の配当24,000千円を行っている。
3．Ｘ７年３月31日におけるＳ社純資産は，資本金 500,000千円，利益剰余金 300,000千円であった。なお，Ｓ社はＸ６年度において利益剰余金を原資とする剰余金の配当20,000千円を行っている。
4．Ｘ８年３月31日におけるＳ社純資産は，資本金 500,000千円，利益剰余金 360,000千円であった。なお，Ｓ社はＸ７年度において利益剰余金を原資とする剰余金の配当35,000千円を行っている。
5．設立以降においてＳ社は新株の発行を行っていない。

〔**資料Ⅱ**〕　Ｐ社のＳ社株式取得状況

1．Ｐ社はＸ６年３月31日にＳ社株式14,000株を＠40千円で取得した。
2．Ｐ社はＸ７年４月１日にＳ社株式 2,000株を＠42.3千円で追加取得した。

〔資料Ⅲ〕　Ｓ社の土地の簿価及び時価（単位：千円）

日　付	簿　価	時　価
Ｘ６年３月31日	100,000	120,000
Ｘ７年３月31日	100,000	125,000
Ｘ８年３月31日	100,000	128,000

なお，Ｘ７年４月１日における時価は，Ｘ７年３月31日の時価と一致している。また，土地以外の資産及び負債について，簿価と時価との乖離は生じていない。

〔資料Ⅳ〕　解答上の留意事項

1．のれんは10年間にわたり定額法により償却している。なお，のれんが期末に生じる場合には，償却は翌年度から行う。

2．Ｐ社及びＳ社の個別損益計算書における当期純利益の金額は 273,520千円及び ？ 千円（各自推定）である。

3．Ｐ社及びＳ社は毎期１回剰余金の配当を行っており，配当基準日は毎期３月31日である。

4．税効果会計は，子会社の資産及び負債の時価評価から生じる一時差異にのみ適用し，実効税率は毎期40％である。

1. 266,360千円　　2. 294,360千円　　3. 319,210千円
4. 320,590千円　　5. 322,360千円　　6. 346,860千円

□□□

問題 24 連結財務諸表②

O社はK社の発行済議決権株式の80%を所有し，これを子会社として支配している。そこで，次の〔**資料Ⅰ**〕及び〔**資料Ⅱ**〕に基づき，当期の連結損益計算書における親会社株主に帰属する当期純利益として正しい金額の番号を一つ選びなさい。なお，O社及びK社の事業年度並びに連結会計年度は毎年3月31日を決算日とする1年である。また，当期は×9年3月31日を決算日とする1年である。

〔**資料Ⅰ**〕　K社株式取得状況等

1．O社は×6年3月31日にK社の発行済議決権株式の80%を 508,000千円で取得した。

2．×6年3月31日におけるK社貸借対照表は以下のとおりである。

貸借対照表

×6年3月31日　　(単位：千円)

借方	金額	貸方	金額
諸資産	500,000	諸負債	455,000
建物	200,000	資本金	400,000
減価償却累計額	△ 45,000	利益剰余金	150,000
土地	350,000		
	1,005,000		1,005,000

(注1) 建物及び土地以外の資産及び負債について，簿価と時価の乖離は生じていない。

(注2) 建物（×1年4月1日に一括取得）の時価は 215,000千円である。

(注3) 土地（×4年9月1日に一括取得）の時価は 390,000千円である。

〔資料Ⅱ〕　解答上の留意事項

1．のれんは発生年度の翌年度より10年間で定額法により償却している。

2．O社及びK社の当期純利益はそれぞれ 135,000千円及び80,000千円である。なお，剰余金の配当は行っていない。

3．K社は建物について定額法（耐用年数20年，残存価額10%）により減価償却を行っている。また，建物の評価差額にも残存価額10%を見積もるものとする。

4．K社は×８年５月15日に土地70,000千円について連結外部に90,000千円で売却した。

5．K社において×６年３月31日以降，固定資産の取得は行われていない。

6．子会社の資産及び負債の時価評価から生じる一時差異に税効果会計を適用し，実効税率は毎期40%とする。

1. 187,720千円	2. 190,040千円	3. 190,580千円
4. 191,432千円	5. 191,864千円	6. 193,432千円

□
□
□

問題 25 連結財務諸表③

以下の〔**資料**〕に基づき，×２年度連結貸借対照表における為替換算調整勘定の金額として正しい金額の番号を一つ選びなさい。なお，Ｔ社及びＮ社の事業年度並びに連結会計年度は毎年12月31日を決算日とする１年である。

〔**資料**〕　連結財務諸表作成に必要な事項等

１．Ｔ社は×１年12月31日にＮ社の発行済株式（ 1,000株）の60％を 5,400千ドルで取得することにより，Ｎ社を子会社として支配した。

２．Ｎ社の貸借対照表における純資産の部は，資本金及び利益剰余金のみであり，×１年度末及び×２年度末において資本金は 5,000千ドル，利益剰余金はそれぞれ 3,000千ドル及び 3,200千ドルであった。

３．Ｎ社における土地の×１年12月31日及び×２年12月31日時点の帳簿価額は 4,490千ドルであった。また，Ｎ社における土地の×１年12月31日及び×２年12月31日時点の時価はそれぞれ 4,615千ドル及び 4,690千ドルであった。なお，Ｎ社における土地以外の諸資産及び諸負債については，帳簿価額と時価に乖離は生じていない。

４．×１年12月31日の直物為替レート及び×１年度の期中平均為替レートは，それぞれ 100円／ドル及び 110円／ドルであった。×２年12月31日の直物為替レート及び×２年度の期中平均為替レートは，それぞれ 106円／ドル及び 108円／ドルであった。

５．のれんは，発生年度の翌年度より10年間で定額法により償却している。

６．子会社の資産及び負債の時価評価から生じる一時差異に税効果会計を適用し，実効税率は毎期40％である。

７．Ｎ社は，剰余金の配当を行っていない。

1.　28,830千円　　2.　31,827千円　　3.　32,142千円
4.　32,271千円　　5.　48,050千円　　6.　51,491千円

□
□
□

問題 26　連結財務諸表④

P社は×７年６月現在，A社を関連会社として持分法を適用している。そこで，次の〔**資料Ⅰ**〕～〔**資料Ⅲ**〕に基づき，×６年度連結貸借対照表における投資有価証券として正しい金額の番号を一つ選びなさい。なお，P社及びA社の事業年度並びに連結会計年度は毎期３月31日を決算日とする１年である。また，当期は×７年３月31日を決算日とする１年である。

〔**資料Ⅰ**〕　A社株式の取得状況及びA社資本勘定の推移等

年　月　日	×５年３月31日	×６年３月31日	×７年３月31日
取得比率	30%	—	—
取得原価	113,600千円	—	—
取得時レート	100円／ドル	—	—
A社資本勘定			
資本金	3,000千ドル	3,000千ドル	3,000千ドル
利益剰余金	500千ドル	600千ドル	700千ドル
備　考	(注１)	(注２)	(注３)

(注１) 株式取得日におけるA社の土地の簿価は 800千ドル，時価は 1,000千ドルである。なお，A社において土地以外の資産及び負債に簿価と時価の乖離は生じていない。

(注２) ×５年度におけるA社の当期純利益は 150千ドルであり，剰余金の配当は50千ドルである。

(注３) ×６年度におけるA社の当期純利益は 200千ドルであり，剰余金の配当は 100千ドルである。

〔**資料Ⅱ**〕　為替レートに関する事項

	決算日直物レート	期中平均レート	剰余金配当日直物レート
×４年度	100円／ドル	—	—
×５年度	110円／ドル	106円／ドル	102円／ドル
×６年度	125円／ドル	120円／ドル	118円／ドル

〔**資料Ⅲ**〕　解答上の留意事項

1．P社とA社との間には資本関係以外の取引はない。

2．A社の資産及び負債の時価評価にあたり税効果会計を適用し，法定実効税率は毎期40%とする。

3．のれんは発生年度の翌年度より５年間で定額法により償却している。

1. 134,600千円	2. 143,400千円	3. 145,090千円
4. 145,990千円	5. 146,100千円	6. 147,000千円

□□□

問題 27　連結財務諸表⑤

ＡＡ社はＢＢ社の意思決定機関を支配しており，ＢＢ社を子会社としている。そこで，次の〔**資料Ⅰ**〕～〔**資料Ⅳ**〕に基づき，×８年度連結貸借対照表における資本剰余金として正しい金額の番号を一つ選びなさい。なお，ＡＡ社及びＢＢ社の事業年度並びに連結会計年度は毎年３月31日を決算日とする１年である。また，計算過程で端数が生じた場合は，千円未満をその都度四捨五入すること。

〔**資料Ⅰ**〕　ＢＢ社資本勘定（単位：千円）

取得日	資本金	資本剰余金	利益剰余金	自己株式
×７年３月31日	400,000	50,000	50,000	—
×８年３月31日	400,000	50,000	94,000	△30,000
×９年３月31日	400,000	60,000	120,000	—

〔**資料Ⅱ**〕　ＢＢ社における発行済株式総数及び自己株式数等

	発行済株式総数	自己株式数	備考
×７年３月31日	10,000株	—	(注１)
×８年３月31日	10,000株	500株	(注２)
×９年３月31日	10,000株	—	(注３)

(注１) ＡＡ社は，×７年３月31日にＢＢ社株式 7,600株を 387,560千円で取得した。

(注２) ＢＢ社は，×８年３月31日に自己株式を非支配株主から30,000千円で取得した。

(注３) ＢＢ社は，×９年３月31日に自己株式すべてを非支配株主へ40,000千円で処分した。

〔**資料Ⅲ**〕　ＢＢ社における土地の簿価及び時価（単位：千円）

	簿　　価	時　　価
×７年３月31日	100,000	110,000
×８年３月31日	100,000	120,000
×９年３月31日	100,000	130,000

〔**資料Ⅳ**〕　解答上の留意事項

１．のれんは，発生年度の翌年度より10年間で定額法により償却している。

２．×８年度におけるＡＡ社の資本剰余金は 200,000千円である。

３．×８年度におけるＢＢ社の当期純利益は26,000千円である。

４．ＢＢ社は設立以来，無配当政策を実施している。

５．子会社の資産及び負債の時価評価から生じる一時差異に税効果会計を適用し，実効税率は毎期40％とする。

1. 189,440千円　　2. 193,440千円　　3. 206,560千円
4. 208,560千円　　5. 210,560千円　　6. 220,440千円

X 連結財務諸表

問題 28　連結財務諸表⑥

次の〔**資料**〕に基づき，×２年度末の連結貸借対照表を作成した場合，資産総額と利益剰余金はそれぞれいくらになるか，正しい組合せを一つ選びなさい。なお，税効果会計は無視する。

〔**資料**〕

1．X社はY社の株式30%を×１年度末に 5,000千円で取得し，持分法適用会社とした。このときのY社の個別貸借対照表は次のとおりである。なお，資産及び負債の時価は，それぞれ22,000千円及び 8,000千円であった。

Y社貸借対照表　（単位：千円）

借方	金額	貸方	金額
諸資産	20,000	諸負債	7,000
		資本金	10,000
		利益剰余金	3,000
	20,000		20,000

（注）Y社株式の取得（×１年度末）に伴うのれんは，×２年度から10年間にわたり定額法により償却する。

2．X社はY社の株式40%を×２年度末に 7,600千円で追加取得し，Y社を連結子会社とした。また，×１年度末に取得したY社株式の時価は 5,700千円に上昇していた。このときのX社及びY社の個別貸借対照表は次のとおりである。なお，Y社の資産及び負債の時価は，それぞれ29,000千円及び12,500千円であった。

X社貸借対照表　（単位：千円）

借方	金額	貸方	金額
諸資産	52,700	諸負債	29,800
関係会社株式	12,600	資本金	20,000
		利益剰余金	15,500
	65,300		65,300

Y社貸借対照表　　　　（単位：千円）

諸資産	27,000	諸負債	12,000
		資本金	10,000
		利益剰余金	5,000
	27,000		22,000

（注）Y社株式の追加取得（×２年度末）による支配獲得に伴うのれんは，×３年度から10年間にわたり定額法により償却する。

1. 資産総額　81,450千円　　利益剰余金　16,200千円
2. 資産総額　81,450千円　　利益剰余金　16,020千円
3. 資産総額　83,270千円　　利益剰余金　16,200千円
4. 資産総額　83,270千円　　利益剰余金　16,020千円
5. 資産総額　83,450千円　　利益剰余金　16,200千円
6. 資産総額　83,450千円　　利益剰余金　16,020千円

□□□

問題 29　連結キャッシュ・フロー①

次の〔**資料Ⅰ**〕及び〔**資料Ⅱ**〕に基づいて，当期の連結キャッシュ・フロー計算書における(A)営業活動によるキャッシュ・フローと(B)現金及び現金同等物の期末残高の金額の組合せとして正しい金額の番号を一つ選びなさい。なお，各社の事業年度並びに連結会計年度は毎年３月31日を決算日とする１年である。

〔**資料Ⅰ**〕　当期における各社の個別キャッシュ・フロー計算書（単位：千円）

	P　社	S　社	Y　社
Ⅰ　営業活動によるキャッシュ・フロー			
営業収入	800,000	600,000	300,000
商品の仕入れによる支出	△ 560,000	△ 450,000	△ 220,000
人件費の支出	△ 22,000	△ 18,000	△ 9,000
その他の営業支出	△ 87,000	△ 76,000	△ 43,000
小計	131,000	56,000	28,000
利息及び配当金の受取額	8,800	—	—
利息の支払額	△ 5,300	—	—
法人税等の支払額	△ 39,500	△ 27,000	△ 18,000
営業活動によるキャッシュ・フロー	95,000	29,000	10,000
Ⅱ　投資活動によるキャッシュ・フロー			
子会社株式の売却による収入	205,000	—	—
投資活動によるキャッシュ・フロー	205,000	—	—
Ⅲ　財務活動によるキャッシュ・フロー			
配当金の支払額	△ 12,000	△ 7,500	△ 3,500
財務活動によるキャッシュ・フロー	△ 12,000	△ 7,500	△ 3,500
Ⅳ　現金及び現金同等物の増加額	288,000	21,500	6,500
Ⅴ　現金及び現金同等物の期首残高	105,300	78,000	32,500
Ⅵ　現金及び現金同等物の期末残高	393,300	99,500	39,000

〔**資料Ⅱ**〕　解答上の留意事項

1．Ｐ社はＳ社の発行済株式の80％を所有し，子会社として支配している。また，Ｐ社はＹ社の発行済株式の60％を所有し，子会社として支配していたが，当期末に全株式を売却し，支配を解消した。

2．Ｐ社はＳ社に対して商品を掛により販売している。商品の送付未達は，期首において 500千円，期末において 1,200千円あった。なお，掛代金の決済は全額当座により行われている。また，当期におけるＰ社の対Ｓ社売掛金及びＳ社の対Ｐ社買掛金の明細は，以下のとおりである（単位：千円）。

	期首残高	当期増加	当期減少	期末残高
Ｐ社の対Ｓ社売掛金	33,000	300,000	295,500	37,500
Ｓ社の対Ｐ社買掛金	31,000	299,300	296,500	33,800

1.（A） 116,900千円　　（B） 493,800千円
2.（A） 126,900千円　　（B） 534,300千円
3.（A） 135,000千円　　（B） 495,300千円
4.（A） 116,900千円　　（B） 495,300千円
5.（A） 126,900千円　　（B） 495,300千円
6.（A） 135,000千円　　（B） 493,800千円

問題 30 連結キャッシュ・フロー②

当社（P社）は×２年６月現在，S社の発行済議決権株式の80%を所有し，これを子会社として支配している。そこで，次の〔**資料Ⅰ**〕及び〔**資料Ⅱ**〕に基づき，当期の連結損益計算書における税金等調整前当期純利益として正しい金額の番号を一つ選びなさい。なお，当期は×２年３月31日を決算日とする１年である。

〔**資料Ⅰ**〕　連結貸借対照表（単位：千円）

連結貸借対照表

借方科目	前期末	当期末	貸方科目	前期末	当期末
現金及び預金	354,440	406,620	支払手形及び買掛金	197,800	184,520
受取手形及び売掛金	217,560	270,480	短期借入金	95,000	72,000
棚卸資産	102,000	98,400	未払費用	1,050	780
有形固定資産	896,000	827,000	未払法人税等	100,000	85,000
のれん	28,000	26,000	資本金	900,000	900,000
投資有価証券	190,000	193,500	利益剰余金	344,150	409,700
			非支配株主持分	150,000	170,000
合計	1,788,000	1,822,000	合計	1,788,000	1,822,000

〔**資料Ⅱ**〕　解答上の留意事項

1．連結損益計算書の一部

受取利息配当金：　16,500千円　　支払利息：　9,800千円

仕入割引：　3,500千円　　法人税等：120,000千円

非支配株主に帰属する当期純利益：　22,500千円

2．売上債権期末残高に対して毎期２%の貸倒引当金を設定している。

3．貸倒引当金及び減価償却累計額は対象資産から直接控除している。

4．当期において有形固定資産の売買及び除却は一切行っていない。

5．投資有価証券はすべて当社の関連会社であるA社の株式であり，連結財務諸表の作成にあたって持分法を適用している。なお，A社は当期において剰余金の配当を行っていない。

6．未払費用はすべて支払利息に係るものである。

7．当期において子会社株式及び関連会社株式の追加取得や一部売却等は一切なかった。

8．当期の連結キャッシュ・フロー計算書における営業活動によるキャッシュ・フローの金額は 171,630千円であった。

9．連結キャッシュ・フロー計算書の作成に当たり，利息及び配当金の受取額並びに利息の支払額については，営業活動によるキャッシュ・フローの区分に記載している。

1. 279,500千円　　2. 298,500千円　　3. 299,500千円
4. 302,000千円　　5. 304,000千円　　6. 318,500千円

□
□
□

問題 31 税効果会計①

次の〔**資料**〕は，当社の損益計算と課税所得計算の差異について記述したものである。そこで，当期の損益計算書における法人税等調整額として，正しい金額の番号を一つ選びなさい。なお，法定実効税率は毎期40%とする。

〔**資料**〕

1．損金として認められない棚卸資産の評価損が当期に12,400千円あった。

2．前期に15,000千円で取得したA社株式（その他有価証券として保有）について，部分純資産直入法により会計処理を行っている。なお，A社株式の前期末における時価は13,500千円であり，当期末における時価は15,500千円である。

3．当期首に取得した建物 200,000千円について，残存価額10%，耐用年数45年の定額法で減価償却を行っているが，税務上は残存価額10%，耐用年数50年である。

4．前期首に取得した営業用設備 300,000千円について，初年度に取得原価のうち30%の特別償却が認められるため，積立金方式により特別償却準備金を計上し，前期において90,000千円を損金に算入した。当該特別償却準備金は，当期から５年間にわたって取り崩し，益金に算入する。なお，当該営業設備については，会計上，税務上ともに残存価額10%，耐用年数５年の定額法により減価償却を行う。

5．前期末に国庫補助金30,000千円を受け入れて，備品50,000千円を取得し，当期首より営業の用に供している。当該備品については，前期末に積立金方式により固定資産圧縮積立金を計上し，損金の額に算入している。なお，当該備品については，会計上，税務上ともに残存価額10%，耐用年数６年の定額法で減価償却を行っており，会計上，固定資産圧縮積立金の取崩は減価償却費の割合に応じて行っている。また，税務上は，国庫補助金相当額について圧縮記帳を行う。

6．前期末における退職給付引当金は60,000千円であり，当期末における退職給付引当金は72,000千円である。なお，当期の退職給付費用は17,500千円であり，年金基金への掛金拠出額は 5,500千円である。また，税務上の退職給付引当金はゼロである。

7．損金として認められない交際費が当期に 7,000千円あった。

8．前期における法人税額，住民税額及び事業税額は，それぞれ 7,200千円， 1,224千円及び 2,400千円であった。また，当期における法人税額，住民税額及び事業税額は，それぞれ 4,500千円， 765千円及び 1,500千円である。

1. 17,240千円	2. 17,960千円	3. 18,160千円
4. 18,560千円	5. 20,160千円	6. 20,240千円

問題 32 税効果会計②

次の〔**資料Ⅰ**〕及び〔**資料Ⅱ**〕に基づき，損益計算書に計上される法人税等調整額と貸借対照表に計上される繰延税金負債の合計として正しい金額の番号を一つ選びなさい。

〔**資料Ⅰ**〕　一時差異計算表（単位：千円）

	前期末	当期末
将来減算一時差異		
①　売上債権に係る貸倒引当金損金算入限度超過額	500	300
②　減価償却費の損金算入限度超過額	100	200
③　棚卸資産評価損の否認額	3,000	4,500
④　未払事業税の否認額	600	900
合　　計	4,200	5,900
将来加算一時差異		
①　固定資産に係る租税特別措置法上の特別償却準備金	—	4,800
②　その他有価証券評価差額	2,000	3,500
合　　計	2,000	8,300

〔**資料Ⅱ**〕　解答上の留意事項

1．固定資産に係る租税特別措置法上の特別償却準備金は，次期より４年に渡って均等に取り崩し，税務上，益金に算入する。

2．当社の保有するその他有価証券はすべて投資その他の資産に計上されている。

3．法定実効税率は前期及び当期ともに40％である。

1.　2,800千円	2.　2,200千円	3.　3,800千円
4.　4,000千円	5.　4,560千円	6.　5,080千円

□
□
□

問題 33　1株当たり情報①

次の〔**資料**〕に基づき，潜在株式調整後1株当たり当期純利益として正しい金額の番号を一つ選びなさい。なお，最終数値の計算において円未満の端数が生じる場合は，小数点以下第3位を四捨五入すること。また，当期は×2年4月1日から始まる1年である。

〔**資料**〕　解答上の留意事項

1．期首時点の普通株式数は10,000千株である。

2．当期純利益は 150,000千円である。

3．当期首に転換社債型新株予約権付社債を以下の条件で発行した。当該新株予約権付社債は一括法により処理している。

(1) 額面総額： 800,000千円

(2) 払込金額： 800,000千円

(3) 償還期限：5年

(4) 年 利 率：1％（利払日は年1回3月末）

(5) 新株予約権が行使された際に交付すべき株式の数：権利行使により消滅する社債の額面金額を転換価格で除した数

(6) 転換価格： 800円

4．×2年11月6日に新株予約権の20％が行使され，すべて新株を発行した。また，権利行使に伴い消滅した社債については，配当との調整上利息は支払っていない。

5．自己株式90,000千円（ 100千株）を×3年1月18日に取得した。なお，期首において自己株式は保有していない。

6．法定実効税率は40％とする。

1.	13.92円	2.	13.99円	3.	14.01円
4.	14.17円	5.	14.24円	6.	14.92円

問題 34　1株当たり情報②

次の〔**資料**〕に基づき，潜在株式調整後1株当たり当期純利益として正しい金額の番号を一つ選びなさい。なお，計算過程で生じる円未満の端数は小数点以下第3位を，1株未満の端数は小数点以下第1位を四捨五入すること。また，当期は×1年4月1日から始まる1年である。

〔**資料**〕　解答上の留意事項

1．当社の期首の普通株式数は60百万株であった。
2．当期純利益 1,300百万円のうち 500百万円は普通株式に配当される。
3．期首時点において，普通株式10百万株分の新株予約権（行使価額：1株当たり 400円）が存在した。なお，新株予約権の行使による新株の効力発生日は払込期日とする。
4．×1年12月10日（払込期日）に新株予約権4百万株分が行使された。
5．期首から期末までの平均株価は 500円であり，期首から新株予約権行使時までの平均株価は 520円であった。

1.	12.68円	2.	18.57円	3.	20.52円
4.	20.56円	5.	20.58円	6.	20.61円

□□□

問題 35　減損会計①

次の〔**資料Ⅰ**〕及び〔**資料Ⅱ**〕に基づき，減損処理後における建物の帳簿価額として正しい金額の番号を一つ選びなさい。

〔**資料Ⅰ**〕　A資産グループの減損処理に必要な資料

1．A資産グループの資産の内訳は以下のとおりである。

	建　物	備　品
取得原価	800,000千円	400,000千円
減価償却累計額	360,000千円	240,000千円

2．A資産グループが将来生み出すと期待される正味キャッシュ・イン・フローは，経済的残存使用年数３年において以下のとおりに予想される。

	1年後	2年後	3年後
正味キャッシュ・イン・フロー	120,000千円	110,000千円	100,000千円

3．使用価値の算定に用いられる割引率は５％である。

4．A資産グループの３年後の見積処分価額は 138,403千円である。

5．現時点においてA資産グループを売却したと仮定した場合の正味売却価額は 390,000千円である。

〔**資料Ⅱ**〕　解答上の留意事項

1．A資産グループはキャッシュ・フローを生み出す最小単位と判断される。

2．A資産グループについては減損の兆候が把握される。

3．減損損失の配分はすべて帳簿価額を基準として比例配分する。

4．端数が生じる場合は，千円未満を四捨五入すること。

1.　220,325千円　　2.　286,000千円　　3.　308,000千円

4.　320,000千円　　5.　343,496千円　　6.　386,000千円

問題 36　減損会計②

次の〔**資料Ⅰ**〕及び〔**資料Ⅱ**〕に基づき，ＴＨ社の減損処理後における建物の帳簿価額として正しい金額の番号を一つ選びなさい。

〔**資料Ⅰ**〕　前提条件

1．ＴＨ社の減損処理前における建物の帳簿価額は 2,000,000千円であった。
2．ＰＲ事業部は３つの資産グループを所有し，それぞれキャッシュ・フローを生み出す最小単位と判断される。
3．ＰＲ事業部における資産グループＢ，Ｃ及び共用資産に減損の兆候が把握される。

〔**資料Ⅱ**〕　ＰＲ事業部の減損処理に必要なデータ（単位：千円）

		資産グループA	資産グループB	資産グループC	共用資産
帳簿価額	建物	100,000	150,000	400,000	50,000
	機械	30,000	50,000	100,000	—
	土地	70,000	200,000	500,000	—
	合計	200,000	400,000	1,000,000	50,000
割引前将来キャッシュ・フロー		不明	440,000	950,000	不明
使用価値		不明	320,000	800,000	不明
正味売却価額		不明	280,000	500,000	16,000

（注１）ＰＲ事業部全体での割引前将来キャッシュ・フロー合計は 1,550,000千円，回収可能価額は 1,320,000千円である。

（注２）減損損失の配分はすべて帳簿価額を基準として比例配分する。なお，回収可能価額が判明しているものについては，減損損失配分後の各資産グループの帳簿価額が回収可能価額を下回らないようにすること。

1．1,670,000千円　　2．1,846,000千円　　3．1,847,000千円
4．1,848,000千円　　5．1,870,000千円　　6．1,880,000千円

XⅢ 減損会計

□□□

問題 37 デリバティブ

次の〔**資料**〕に基づき，当期（×４年４月１日～×５年３月31日）の損益に与える影響額として正しい金額の番号を一つ選びなさい。

〔**資料**〕

１．商品先物取引

(1) ×５年２月27日において，委託証拠金 2,000千円を支払い，×５年６月限月の甲商品先物を 1,360千円／個で１枚売り建てた。なお，甲商品先物の売買単位は１枚あたり 1,000個である。

(2) ×５年３月31日において，×５年６月限月の甲商品先物価格は 1,330千円／個であった。

２．オプション取引

(1) ×４年12月１日に以下の条件で通貨オプションを取得した。

種　類：プット・オプション（円コール・ドルプット）

金　額： 500千ドル

期　限：３ヶ月

権利行使価格： 111円／ドル

×４年12月１日におけるプット・オプションの価値： 1.2円／ドル

(2) ×５年２月28日の為替レートは 107円／ドルであったため，当社は外国為替市場でドル買いを行うとともに，通貨オプションにつき権利行使した。

3．スワップ取引

(1) ×4年4月1日に銀行から変動金利の借入金 150,000千円を期間3年，利払日3月31日で調達し，また，金利変動リスクを避けるため，乙社と以下の条件でスワップ契約を締結した。

① 内　　　容：当社は乙社に想定元本に対して3％の固定金利を支払い，乙社から変動金利を受け取る。

② 想 定 元 本： 150,000千円

③ 金利交換日：年1回3月31日

(2) ×5年3月31日における銀行決定の変動金利は 3.3％であった。

(3) ×5年3月31日における当該スワップ取引から生じる正味の債権の時価は 420千円であった。

1.　25,320千円　　2.　26,870千円　　3.　26,900千円

4.　27,000千円　　5.　27,320千円　　6.　27,920千円

□□□ 問題 38

ヘッジ会計

次の〔**資料Ⅰ**〕及び〔**資料Ⅱ**〕に基づき，以下のア～エの記述のうち正しいものの組合せの番号を一つ選びなさい。なお，会計期間は1月1日から12月31日までの1年である。また，税効果会計については無視する。

ア．ヘッジ会計の方法として繰延ヘッジを採用している場合，×2年度の損益に与える影響は0千円である。
イ．ヘッジ会計の方法として繰延ヘッジを採用している場合，×3年度の損益に与える影響は0千円である。
ウ．ヘッジ会計の方法として時価ヘッジを採用している場合，×2年度の損益に与える影響は 200千円である。
エ．ヘッジ会計の方法として時価ヘッジを採用している場合，×3年度の損益に与える影響は 100千円である。

〔**資料Ⅰ**〕　保有する国債に関する資料

1．×2年5月27日に国債（満期日×6年3月31日，額面1口＝ 100円）を，100千口購入し，その他有価証券として保有している。
2．×3年1月18日に保有する国債の全部を売却した。
3．国債の時価の推移は以下のとおりであった。なお，利息は無視すること。

×2年5月27日	×2年12月31日	×3年1月18日
104円	112円	117円

〔**資料Ⅱ**〕　先物取引に関する資料

1．×2年5月27日に上記国債の価格変動リスクを回避するため，債券先物市場で×6年3月31日限月の債券先物 100千口の売建取引を行った。なお，当該先物取引はヘッジ会計の要件を満たしているため，ヘッジ会計を適用する。
2．×3年1月18日に上記国債を売却したことに伴い，先物取引を決済した。
3．債券先物価格の推移は以下のとおりであった。

×2年5月27日	×2年12月31日	×3年1月18日
115円	121円	125円

1. アイ　　2. アイエ　　3. アウ
4. アウエ　　5. イウ　　6. ウエ

□
□
□

問題 39　ストック・オプション①

次の〔資料〕に基づき，×６年度損益計算書における株式報酬費用として正しい金額の番号を一つ選びなさい。なお，当期は３月31日を決算日とする１年である。

〔資料〕

１．×５年６月開催の株主総会において，従業員に対して以下の条件のストック・オプションを付与することを決議し，同年７月１日に付与した。

(1) ストック・オプションの数：合計20,000個

(2) 権利行使により与えられる株式数：合計20,000株（１個につき１株）

(3) 権利行使時の払込金額：１株当たり25,000円

(4) 権利確定日：×７年６月30日

(5) 権利行使期間：×７年７月１日から×９年６月30日

(6) 付与日におけるストック・オプションの公正な評価単価は 3,000円／個である。

２．付与時点において，×７年６月30日までに退職による失効数 300個を見込んでいる。

３．×７年３月31日において，×７年６月30日までの退職による累計失効見込数を 400個に変更した。

1.　29,287,500円	2.　22,162,500円	3.　29,400,000円
4.　29,550,000円	5.　41,400,000円	5.　51,450,000円

問題 40　ストック・オプション②

□□□

次の〔資料Ⅰ〕～〔資料Ⅲ〕に基づき，3月31日を決算日とする当社が×2年4月1日～×3年3月31日の事業年度において，ストック・オプションに起因して計上する株式報酬費用として，正しい金額の番号を一つ選びなさい。

〔資料Ⅰ〕　ストック・オプションの付与

×1年6月の株主総会で，幹部従業員30人に対し1人当たり50個のストック・オプションを7月1日付けで付与することを決議した。ストック・オプション1個の行使により1株式が与えられる。ただし，権利確定日は×3年6月30日，権利行使期間は×3年7月1日から×4年6月30日であり，権利行使時には1株当たり60,000円の払込を要する。権利付与日におけるストック・オプションの公正な評価単価は 3,000円である。

〔資料Ⅱ〕　行使条件の変更

ストック・オプションの権利付与後，当社の株価は大きく下落して一度も行使価格を上回らず，インセンティブ効果が大幅に失われたと考えられたので，×2年6月の株主総会において，行使時の払込金額を1株当たり45,000円とする行使条件の変更を行った。条件変更日（×2年7月1日）における条件変更後のストック・オプションの公正な評価単価は 3,700円である。

〔資料Ⅲ〕　ストック・オプションを付与された者の退職状況

権利確定日までに従業員が退職して，ストック・オプションが失効する見込みは当初は1人であった。しかし，×3年3月31日に3人が退職した。これ以後に追加的に退職する者はいないと見込まれる。

1. 1,912,500円	2. 2,266,875円	3. 2,621,250円
4. 3,543,750円	5. 3,746,250円	6. 3,921,250円

□□□

問題 41　四半期財務諸表

次の〔**資料Ⅰ**〕および〔**資料Ⅱ**〕に基づいて，A社の×1年度第3四半期の四半期連結財務諸表（×1年4月1日～×1年12月31日）における四半期純利益（期首から第3四半期までの累計）として，正しい金額の番号を一つ選びなさい。なお，A社は，100%子会社であるB社及びC社（ともに3月決算）を連結の範囲に含めている。また，各社の法定実効税率は毎期40%である。

〔**資料Ⅰ**〕　個別損益計算書（単位：千円）

第3四半期累計期間損益計算書（×1年4月1日～×1年12月31日）

科目	A社	B社	C社
売上高	90,000,000	30,000,000	3,000,000
売上原価	△81,000,000	△18,000,000	△ 2,400,000
販売費及び一般管理費	△11,000,000	△ 5,000,000	△ 550,000
土地売却益	500,000	—	—
投資有価証券評価損	—	(　　　)	—
税引前四半期純利益	△ 1,500,000	(　　　)	50,000
法人税，住民税及び事業税	—	(　　　)	(　　　)
法人税等調整額	—	(　　　)	(　　　)
四半期純損益	△ 1,500,000	(　　　)	(　　　)

〔資料Ⅱ〕　留意事項等

1.　B社は，X社株式（取得原価 100,000千円）をその他有価証券として保有している。X社株式は，時価が著しく下落し回復可能性の見込みのない状況である。なお，B社では有価証券の減損処理について四半期切放法を採用し，その他有価証券の評価差額について全部純資産直入法を採用している。また，X社株式の時価の推移は以下のとおりである。

×1年3月31日	×1年6月30日	×1年9月30日	×1年12月31日
110,000千円	40,000千円	60,000千円	25,000千円

2.　B社は税金費用の算定に当たり，税引前四半期純利益に年間見積実効税率を乗じて計算する方法を採用している。なお，×1年度における予想年間税引前当期純利益は 9,000,000千円，交際費（永久差異）は 450,000千円であると予想されている。

3.　A社の連結財務諸表において，連結子会社C社は重要性が乏しいと判定されている。C社の四半期財務諸表上の一時差異等の発生状況について，前年度末から大幅な変動はないため，C社の税金費用は，以下に示す前年度の損益計算書（単位：千円）における税効果会計適用後の法人税等負担率を税引前四半期純利益に乗じて計算する。

税引前当期純利益		60,000
法人税，住民税及び事業税	△	28,200
法人税等調整額		2,400
当期純利益		34,200

1.　2,545,000千円　　2.　2,551,700千円　　3.　2,553,700千円
4.　2,593,700千円　　5.　2,831,300千円　　6.　2,951,700千円

問題 42 企業結合

Ｐ社はＳ社を×２年４月１日に吸収合併した（存続会社Ｐ社）。次の〔**資料**〕に基づき，合併後Ｐ社貸借対照表として正しいものを一つ選びなさい。

〔**資料**〕

1．Ｐ社は×１年３月31日にＳ社株式の80％を24,600千円で取得し，子会社とした。なお，×１年３月31日におけるＳ社の資本勘定は，資本金14,500千円及び利益剰余金 1,450千円であった。

2．×１年３月31日及び×２年３月31日におけるＳ社の土地（簿価 9,000千円）の時価は14,800千円及び16,250千円であった。

3．×２年３月期のＳ社当期純利益は12,500千円であった。

4．Ｓ社の発行済株式数は 100株であり，合併比率は１：１であった。

5．合併に際して，Ｐ社はＳ社の非支配株主に新株20株を発行した。また，Ｐ社は新株発行に伴う増加資本の全額を資本金とした。

6．合併期日におけるＰ社の株価：@ 520千円

7．のれんは10年で償却している。また，税効果会計は無視すること。

8．合併期日前日（×２年３月31日）における両社の貸借対照表は以下のとおりである。

貸　借　対　照　表　　　（単位：千円）

借方科目	Ｐ　社	Ｓ　社	貸方科目	Ｐ　社	Ｓ　社
諸　資　産	435,050	54,250	諸　負　債	144,650	34,800
土　　　地	120,000	9,000	資　本　金	145,000	14,500
Ｓ社株式	24,600	—	資本剰余金	58,000	—
			利益剰余金	232,000	13,950
合　　計	579,650	63,250	合　　計	579,650	63,250

1.　　　　　　　　貸　借　対　照　表　　　　　(単位：千円)

借方	金額	貸方	金額
諸　資　産	489,300	諸　負　債	179,450
土　地	136,250	資　本　金	155,400
		資本剰余金	58,000
		利益剰余金	257,300
		自己株式	△　24,600
	625,550		625,550

2.　　　　　　　　貸　借　対　照　表　　　　　(単位：千円)

借方	金額	貸方	金額
諸　資　産	489,300	諸　負　債	179,450
土　地	134,800	資　本　金	155,400
の　れ　ん	6,480	資本剰余金	54,450
		利益剰余金	241,280
	630,580		630,580

3.　　　　　　　　貸　借　対　照　表　　　　　(単位：千円)

借方	金額	貸方	金額
諸　資　産	489,300	諸　負　債	179,450
土　地	134,800	資　本　金	145,000
の　れ　ん	6,480	資本剰余金	64,850
		利益剰余金	241,280
	630,580		630,580

4. 貸借対照表 (単位：千円)

諸資産	489,300	諸負債	179,450
土地	134,800	資本金	155,400
のれん	10,030	資本剰余金	58,000
		利益剰余金	265,880
		自己株式	△ 24,600
	634,130		634,130

5. 貸借対照表 (単位：千円)

諸資産	489,300	諸負債	179,450
土地	136,250	資本金	197,000
のれん	16,300	資本剰余金	58,000
		利益剰余金	232,000
		自己株式	△ 24,600
	641,850		641,850

6. 貸借対照表 (単位：千円)

諸資産	489,300	諸負債	179,450
土地	134,800	資本金	155,400
のれん	22,200	資本剰余金	54,450
		利益剰余金	257,000
	646,300		646,300

問題 43　事業分離①

次の〔**資料**〕に基づき，甲社が計上する移転損益と乙社が計上するのれんの組合せとして正しい金額の番号を一つ選びなさい。

〔**資料**〕

1．甲社は所有するX事業を乙社に移転した。

2．分離前X事業の適正な諸資産の帳簿価額及び株主資本相当額は69,000千円であり，X事業の諸資産の時価は73,600千円，X事業の時価は80,500千円であった。

3．当該事業分離により，甲社は乙社より現金80,500千円を受け取った。

4．甲社は乙社株式を一切保有していない。

	移転損益	のれん
1.	0千円	6,900千円
2.	11,500千円	6,900千円
3.	0千円	11,500千円
4.	6,900千円	11,500千円
5.	11,500千円	0千円
6.	6,900千円	0千円

□
□
□

問題 44　事業分離②

Ｐ社は，Ｘ２年３月31日に事業分離により甲事業をＳ社に移転した。次の〔**資料**〕に基づき，事業分離後の記述として，正しいものには○，誤っているものには×を付すとき，正しい組合せの番号を一つ選びなさい。なお，当期はＸ２年３月31日を決算日とする１年であり，税効果会計は無視する。

〔**資料Ⅰ**〕　事業分離直前における貸借対照表（単位：千円）

貸　借　対　照　表

Ｘ２年３月31日

借方科目	Ｐ　社	Ｓ　社	貸方科目	Ｐ　社	Ｓ　社
現金及び預金	118,625	50,000	甲事業負債	55,000	120,000
甲事業資産	95,000	175,000	借入金	115,000	—
土地	185,000	12,500	資本金	200,000	100,000
Ｓ社株式	63,875	—	資本剰余金	25,000	—
			利益剰余金	67,500	17,500
合計	462,500	237,500	合計	462,500	237,500

〔**資料Ⅱ**〕　Ｐ社のＳ社株式取得状況等

1.　Ｐ社のＳ社株式取得状況及びＳ社資本勘定

株式の取得日	取得価額	取得比率	Ｓ社資本勘定	
			資本金	利益剰余金
Ｘ１年３月31日	63,875千円	55%	100,000千円	7,500千円

2.　Ｓ社のＸ１年３月31日における土地の簿価及び時価

簿価　12,500千円　　時価　14,500千円

（注）土地以外の資産及び負債について，簿価と時価との乖離は生じていない。

3.　Ｓ社の当期純利益は10,000千円であり，剰余金の配当は行っていない。

4.　Ｓ社のＸ１年３月31日における発行済株式総数は 1,000株である。

5.　のれんは発生年度の翌年度から10年間にわたり定額法により償却している。

〔**資料Ⅲ**〕　事業分離に関する事項

1.　事業分離直前における甲事業の時価に関する資料は以下のとおりである。

	甲事業資産	甲事業負債	甲事業全体
P　社	103,000千円	55,000千円	56,000千円
S　社	181,000千円	120,000千円	66,500千円

2.　事業分離にあたり，P社はS社より以下の対価を受け取った。なお，事業分離時におけるS社株式の時価は1株あたり 120千円である。

①　新株式 125株及び現金41,000千円

②　新株式 250株及び現金26,000千円

(ア)　事業分離の対価が〔**資料Ⅲ**〕2.①の場合，P社の事業分離後個別損益計算書において移転損益は計上されない。

(イ)　事業分離の対価が〔**資料Ⅲ**〕2.①の場合，P社の事業分離後個別貸借対照表におけるS社株式の金額は63,875千円である。

(ウ)　事業分離の対価が〔**資料Ⅲ**〕2.①の場合，連結貸借対照表における資本剰余金の金額は31,000千円である。

(エ)　事業分離の対価が〔**資料Ⅲ**〕2.②の場合，P社の事業分離後個別損益計算書において移転損益は計上されない。

(オ)　事業分離の対価が〔**資料Ⅲ**〕2.②の場合，連結貸借対照表における資本剰余金の金額は30,715千円である。

1.　ア　×　　イ　×　　ウ　×　　エ　〇　　オ　×
2.　ア　×　　イ　〇　　ウ　×　　エ　〇　　オ　〇
3.　ア　〇　　イ　〇　　ウ　〇　　エ　×　　オ　×
4.　ア　〇　　イ　×　　ウ　〇　　エ　×　　オ　〇
5.　ア　×　　イ　〇　　ウ　〇　　エ　〇　　オ　×
6.　ア　〇　　イ　×　　ウ　×　　エ　×　　オ　〇

□□□

問題 45　包括利益計算書

次の〔**資料**〕に基づき，下記の当期の連結包括利益計算書に関する記述のうち，正しいものを一つ選びなさい。なお，各社の事業年度は１年である。

1. 連結包括利益計算書におけるその他の包括利益合計は 552千円（減少）である。
2. 連結包括利益計算書における包括利益は 2,948千円（増加）である。
3. 連結包括利益計算書における包括利益は 2,960千円（増加）である。
4. 連結包括利益計算書の包括利益の内訳項目である非支配株主に係る包括利益は12千円（増加）である。
5. 連結包括利益計算書の組替調整額の注記におけるその他有価証券評価差額金に係る当期発生額は 100千円（増加）である。
6. 連結包括利益計算書の組替調整額の注記におけるその他有価証券評価差額金に係る組替調整額は 300千円（減少）である。

〔**資料Ⅰ**〕　連結株主資本等変動計算書（当期，単位：千円）

	資本金	利益剰余金	株主資本合計	その他有価証券評価差額金	非支配株主持分	純資産合計
当期首残高	10,000	8,060	18,060	960	1,870	20,890
当期変動額						
当期純利益		3,380	3,380			3,380
株主資本以外の変動額(純額)				△552	132	△420
当期変動額合計	—	3,380	3,380	△552	132	2,960
当期末残高	10,000	11,440	21,440	408	2,002	23,850

〔資料Ⅱ〕　親会社Ｐ社に関する事項

1．前々期末にＳ社株式のうち80％を 5,460千円で取得し子会社とした。その他に子会社は存在しない。

2．当期純利益は 3,000千円である。

3．保有するその他有価証券（取得原価 7,000千円，前期末時価 8,000千円）を当期中に 8,300千円で連結外部の第三者に売却した。それ以外にその他有価証券の取得及び売却は行っていない。

〔資料Ⅲ〕　子会社Ｓ社に関する事項

1．資本金は設立以来 5,000千円で変わっていない。また，利益剰余金は前々期末 900千円，前期末 3,600千円，当期末 4,200千円である。

2．保有するその他有価証券（取得原価 2,000千円，前々期末時価 2,500千円，前期末時価 3,250千円）の当期末時価は 3,350千円である。それ以外にその他有価証券の取得及び売却は行っていない。

〔資料Ⅳ〕　留意事項

1．各社とも，剰余金の配当は行っていない。

2．その他有価証券の評価差額について税効果会計（実効税率40％）を適用している。

3．のれんは発生年度の翌年度から５年間にわたり定額法により償却している。

□□□

問題 46　会計上の変更及び誤謬の訂正

次の〔資料〕に基づき，当期（×４年４月１日～×５年３月31日）に開示する①×３年度株主資本等変動計算書の会計方針の変更による累積的影響額，②×３年度損益計算書の営業費及び③×４年度損益計算書の機械減価償却費の合計として正しい金額の番号を一つ選びなさい。なお，当期においては，２年度分（×３年度及び×４年度）の財務諸表の開示を行う。また，税効果会計は無視する。

〔資料〕

１．当社は×４年度より，商品の評価方法を総平均法から先入先出法に変更した。×３年度及び×４年度の商品の内訳に関する事項は以下のとおりである。

	×３年度		×４年度	
	総平均法	先入先出法	総平均法	先入先出法
期首棚卸高	18,000千円	18,750千円	16,620千円	16,800千円
当期仕入高	259,000千円	259,000千円	255,680千円	255,680千円
売上原価	260,380千円	260,950千円	258,685千円	258,880千円
期末棚卸高	16,620千円	16,800千円	13,615千円	13,600千円

２．当社は×３年４月１日に機械を48,000千円で取得した。なお，当該機械は定額法，残存価額ゼロ，耐用年数８年により減価償却を行っている。当期首において，当該機械は新技術の発明により機能的に著しく減価したため，耐用年数を６年に変更した。

３．×３年度損益計算書に計上すべき営業費 1,500千円を前期末において見越計上しておらず，当期の営業費として計上していることが判明した。なお，前期に開示した×３年度損益計算書における営業費の金額は77,200千円であった。

４．過去の誤謬の修正に関する税金の修正は無視する。

1.　84,280千円　　2.　84,850千円　　3.　87,280千円

4.　87,450千円　　5.　87,850千円　　6.　88,850千円

問題 47　収益認識①

当社は，設備Aを販売するとともに，設備Aを使用するために必要な製品Bの販売および設備Aの保守点検サービスを提供している。「収益認識に関する会計基準」および同適用指針に基づき，次の〔**資料**〕の取引について，当社が当期（×3年4月1日～×4年3月31日）に計上する収益の金額として最も適切なものの番号を一つ選びなさい。なお，計算結果に端数が生じる場合，千円未満を四捨五入すること。

〔**資料**〕

1. 当社が販売する設備Aの独立販売価格は1台あたり40,000千円である。
2. 当社は，製品Bの販売および2年間にわたる設備Aの保守点検サービスの提供も単独で行っている。独立販売価格は，製品Bが1台あたり20,000千円であり，保守点検サービス（2年間）が1台あたり10,000千円である。
3. 当社は，顧客が設備Aを購入する際に，併せて製品Bの購入および設備Aの保守点検サービスを契約した場合に限り，下記のセット販売価格で製品およびサービスを販売している。

製品等の組合せ	セット販売価格
設備A，製品B，保守点検サービス	63,000千円

4. 当社の当期の販売実績は以下の通りである。

(1)　セット販売

製品等の組合せ	販売台数	検収日	サービス提供期間
設備A，製品B，保守点検サービス	5台	×3年4月1日	×3年4月1日～×5年3月31日

(2)　製品Bのみの販売

販売台数	検収日
4台	×4年1月1日

(3)　保守点検サービスのみの販売

契約台数	サービス提供期間
1台	×3年10月1日～×5年9月30日

1.　372,500千円　　2.　375,000千円　　3.　377,500千円
4.　382,500千円　　5.　405,000千円　　6.　407,500千円

□
□
□

問題 48　収益認識②

次の〔**資料**〕の取引について，当社の当期に計上する収益の金額として最も適切なものの番号を一つ選びなさい。なお，当期は×５年４月１日から×６年３月31日までである。

〔**資料**〕

1.　決算整理前残高試算表における収益の金額は 784,600千円である。

2.　商品Ａ

(1)　当社は，×６年３月３日に大手の小売チェーンである得意先ａ社に商品Ａを１年間販売する契約を締結した。当該契約では，ａ社が１年間に少なくとも 300,000千円分の商品Ａを購入すること及び当社はａ社に対して返金が不要な 1,200千円の支払を行うことが定められている。この 1,200千円の支払は，ａ社が当社の商品Ａを収容するための棚に変更を加えることについての補償であるため，当社は当該支払は当社がａ社から受領する別個の財又はサービスとの交換によるものではないと判断している。

(2)　当社は，×６年３月３日に上記 1,200千円の支払いを行っている。

(3)　当社は，×６年３月25日に商品Ａを60,000千円で掛販売し，60,000千円を売上に計上したのみである。

(4)　ａ社に支払われる対価 1,200千円は当社が商品Ａの販売に対する収益を認識する時に，取引価格の減額として処理する。

3.　商品Ｂ

(1)　当社は，商品Ｂを１個 800千円で販売する契約を複数の得意先と締結した。なお，商品Ｂの取引慣行では，得意先が未使用の商品Ｂを30日以内に返品する場合，全額返金に応じることとしている。

(2)　当社は，×６年３月20日に商品Ｂを１個 800千円で50個を現金販売し，入金額総額を仮受金として処理したのみである。なお，当社が権利を得ることとなる変動対価を見積るために，当社は，当該対価の額をより適切に予測できる方法として期待値による方法を使用することを決定し，商品Ｂ48個が返品されないと見積っている。

(3)　当社は，返品数量に関する不確実性は短期間（30日の返品受入期間）で解消されるため，変動対価の額に関する不確実性が事後的に解消される時点までに計上された収益の額の著しい減額が発生しない可能性が高いと判断している。

4.　商品Ｃ

(1)　当社は，商品Ｃを１個当たり20千円で販売する契約を×５年10月１日に得意先ｃ社と締結した。当該契約には，×６年９月30日までに 500個より多く購入する場合には，１個当たりの価格を遡及的に15千円に減額すると定められている。

(2)　当社は，×５年12月１日に商品Ｃ50個をｃ社に掛販売している。なお，当社は，×６年９月30日までのｃ社の購入数量は 500個を超えないであろうと判断した。

(3)　当社は，商品Ｃ及びｃ社の購入実績に関する十分な経験を有しており，変動対価の額に関する不確実性が事後的に解消される時点（購入の合計額が判明する時）までに計上された収益（１個当たり20千円）の著しい減額が発生しない可能性が高いと判断している。

(4)　×６年２月にｃ社が他の企業を買収し，×６年３月１日において，当社は追加的に商品Ｃ 300個をｃ社に掛販売した。当社は，新たな事実を考慮して，ｃ社の購入数量は×６年９月30日までに 500個を超えるであろうと見積り，１個当たりの価格を15千円に遡及的に減額することが必要になると判断した。

(5)　期中において，上記(4)に関連する処理のみが一切行われていない。

5.　商品Ｄ

(1)　当社は，商品Ｄを仕入先ｄ社より仕入れ，店舗に陳列し，個人顧客に対し販売を行っている。

(2)　当社は，ｄ社と消化仕入契約を締結しており，当該消化仕入契約においては，自らの履行義務は商品が提供されるように手配することであり，自らは代理人に該当すると判断している。

(3)　当社は，×６年３月１日に消化仕入契約の対象の商品Ｄを 1,800千円で顧客に現金で販売した。同時に，商品Ｄのｄ社との消化仕入契約に基づき買掛金を 1,500千円で計上する。

(4)　期中において，上記(3)に関連する処理が行われていない。

1.　827,310千円	2.　827,550千円	3.　827,560千円
4.　827,800千円	5.　828,810千円	6.　828,910千円

□□□ 問題 49

建設業会計

次の〔**資料**〕に基づき，(A)及び(B)の組合せとして正しい金額の番号を一つ選びなさい。なお，当期は×５年３月31日を決算日とする１年である。

(A) 履行義務の充足に係る進捗度を合理的に見積ることが困難な場合における，完成工事高

(B) 履行義務の充足に係る進捗度を合理的に見積ることが可能である場合における，完成工事総利益

〔**資料**〕　請負工事に関する事項

当期にＴ社より甲建設工事を受注し，Ｓ社より乙建設工事を受注した。なお，各建設工事の概要は以下のとおりである。

	甲建設工事	乙建設工事
工　　期	自×４年５月１日 至×９年１月31日	自×４年11月１日 至×８年２月28日
契約価額	42,577,920千円	39,916,800千円
実際工事原価 (×４年度)	9,487,800千円	3,040,240千円

(注１) 契約時点において，契約価額は工事原価総額を回収できる金額とすることが既に合意されている。

(注２) 履行義務の充足に係る進捗度を合理的に見積ることが可能である場合，各工事における見積総工事原価は以下のとおりである。

甲建設工事：31,933,440千円

乙建設工事：27,941,760千円

なお，工事進捗度は原価比例法により算定する。

1. （A） 0千円　　　　　（B） 0千円
2. （A） 0千円　　　　　（B）4,465,560千円
3. （A）12,528,040千円　（B） 0千円
4. （A）12,528,040千円　（B）4,465,560千円
5. （A）82,494,720千円　（B）4,465,560千円
6. （A）82,494,720千円　（B） 0千円

□
□
□

問題 50 総合問題①

ＯＺ社（会計期間は４月１日から３月31日までの１年間）のＸ７年３月期に関する以下の〔**資料Ⅰ**〕及び〔**資料Ⅱ**〕に基づいて，下記の設問に答えなさい。なお，計算過程で端数が生じた場合には千円未満を四捨五入する。また，利息はすべて月割計算する。

〔**資料Ⅰ**〕　決算整理前残高試算表（単位：千円）

決算整理前残高試算表

現金預金	355,110	買掛金	151,700
売掛金	190,000	貸倒引当金(流動)	1,824
有価証券	64,130	長期借入金	200,000
繰越商品	71,100	建物減価償却累計額	81,000
試用品	6,000	備品減価償却累計額	46,250
建物	300,000	資本金	800,000
車両	36,950	その他資本剰余金	30,000
備品	80,000	利益準備金	100,000
土地	290,000	繰越利益剰余金	56,386
長期貸付金	220,000	売上	2,054,200
試用未収金	5,500	試用売上	246,000
仕入	1,572,000	試用仮売上	5,500
営業費	616,250	受取利息配当金	8,000
支払利息	3,500	仕入戻し	12,100
固定資産売却損	720	仕入値引	5,800
		仕入割戻し	8,500
		仕入割引	4,000
合　計	3,811,260	合　計	3,811,260

〔**資料Ⅱ**〕　決算整理事項等

1．商品売買

(1) 一般商品売買

期末における棚卸状況等は次のとおりである。なお，棚卸減耗費及び商品評価損については，災害によるものは特別損失に含め，それ以外は売上原価に含めて処理する。

		A商品	B商品
期首商品棚卸高		29,600千円	41,500千円
期末商品棚卸高			
	帳簿棚卸数量	300個	280個
	実地棚卸数量	300個	250個
	原　価	@ 110千円	@ 180千円
	正味売却価額	@ 30千円	@ 170千円
備　考		①	②

① 災害により正味売却価額が著しく低下した。

② 期末実地棚卸数量のうち30個について品質低下があり，1個あたり原価より50千円の評価減を行う。

(2) 試用販売

C商品については，毎期原価率が60%となるような販売価格で試用販売の対象としている。なお，期末現在C商品の手許在高はない。また，C商品の正味売却価額は原価を超えている。

2．有形固定資産

(1) 償却性資産の減価償却等に関するデータは次のとおりである。なお，残存価額は取得原価の10％である。

	取得原価	耐用年数	償却方法	償却率	記帳法	備　考
建　物	300,000千円	40年	定額法	—	間接法	—
車　両	？　千円	—	生産高比例法	—	直接法	①
備　品	80,000千円	8年	定率法	年0.25	間接法	②

① 総走行可能距離は 200,000km，Ｘ７年３月期の走行距離は22,000km，Ｘ７年３月期末時点の累積走行距離は80,000kmである。

② Ｘ７年３月期首より３年前に取得したものである。Ｘ７年３月期から償却方法を定率法から定額法に変更することにした。なお，変更後の耐用年数は残存耐用年数とし，残存価額は当初取得原価の10％とする。

(2) Ｘ７年１月27日に，保有するすべての甲社株式（取得原価64,130千円，Ｘ７年１月27日時価61,500千円）と交換に，乙社の土地（簿価62,800千円，Ｘ７年１月27日時価61,500千円）を取得したが，未処理である。

3．金銭債権

(1) 営業債権

売掛金はすべて一般債権であり，回収期間は１年未満である。貸倒引当金は，過去３算定年度に係る貸倒実績率の平均値により算定した貸倒実績率を適用して計算し，差額補充法により設定する。なお，貸倒実績率は，期末債権残高に対する翌期１年間の貸倒損失発生の割合とする。一般債権である営業債権の各期における期末残高とその貸倒れの発生状況は，次のとおりである。

	Ｘ４年３月期	Ｘ５年３月期	Ｘ６年３月期	Ｘ７年３月期
期末残高	112,125千円	156,000千円	228,000千円	190,000千円
貸倒損失発生額	2,691千円	3,588千円	2,964千円	3,420千円

(2) 長期貸付金

長期貸付金は丙社及び丁社に対するものであり，その詳細は次のとおりである。

① 丙社は，経営破綻の状態には至っていないが，債務の弁済に重大な問題が生じている。丙社への貸付金 160,000千円は，Ｘ４年４月１日貸付，返済期日Ｘ９年３月31日，利払日毎年３月31日，年利率５％であったが，Ｘ７年３月31日の利払後に，丙社からの申し出により返済期日を１年延長するとともに，残りの融資期間について，年利率を１％へ変更することにした。

② 丁社は，Ｘ７年３月期末において深刻な経営難の状態にあり，再建の見通しがなく，実質的に経営破綻の状態に陥っているため，破産更生債権等として取り扱う。なお，Ｘ７年３月期末における丁社への貸付金は60,000千円であり，そのうちの40％は担保の処分によって，15％は保証によって回収が見込まれている。なお，当該債権に対する貸倒引当金繰入額は営業外費用に計上する。

４．費用の見越又は繰延が必要な項目は次のとおりである。

(1) 前払営業費は 4,000千円である。

(2) 長期借入金は数年前に，返済期日Ｘ９年10月31日，利払日毎年10月31日，年利率３％の条件で借り入れたものである。

問 1 貸借対照表の流動資産の部に記載される「貸倒引当金」として正しい金額の番号を一つ選びなさい。

1. 2,356千円　　2. 2,882千円　　3. 3,420千円

4. 3,800千円　　5. 4,180千円　　6. 4,560千円

問 2　損益計算書に計上される「売上高」（試用販売による売上も含む）として正しい金額の番号を一つ選びなさい。

1. 2,054,200千円　2. 2,059,700千円　3. 2,300,200千円
4. 2,305,700千円　5. 2,546,200千円　6. 2,551,700千円

問 3　損益計算書に計上される「売上原価」（試用販売による売上原価も含む）として正しい金額の番号を一つ選びなさい。

1. 1,536,000千円　2. 1,541,100千円　3. 1,542,400千円
4. 1,545,100千円　5. 1,548,400千円　6. 1,550,400千円

問 4　損益計算書に計上される「販売費及び一般管理費」として正しい金額の番号を一つ選びなさい。

1. 630,164千円　2. 631,456千円　3. 632,006千円
4. 632,381千円　5. 639,456千円　6. 640,006千円

問 5　損益計算書に計上される「営業外費用」として正しい金額の番号を一つ選びなさい。

1. 50,429千円　2. 53,059千円　3. 54,659千円
4. 57,059千円　5. 58,659千円　6. 61,959千円

問 6　損益計算書に計上される「特別損失」として正しい金額の番号を一つ選びなさい。

1. 24,000千円　2. 24,720千円　3. 25,440千円
4. 26,630千円　5. 27,350千円　6. 28,440千円

□
□
□

問題 51　総合問題②

当社（会計期間は4月1日から翌年3月31日までの1年間）の×8年3月期に関する以下の〔**資料Ⅰ**〕及び〔**資料Ⅱ**〕に基づいて，下記の設問に答えなさい。なお，計算過程で端数が生じた場合には千円未満を四捨五入すること。また，税金および税効果会計は無視する。

〔**資料Ⅰ**〕　決算整理前残高試算表（単位：千円）

決算整理前残高試算表

現金預金	947,260	買掛金	111,000
売掛金	159,000	貸倒引当金	?
繰越商品	42,000	長期借入金	600,000
建物	6,540,000	建物減価償却累計額	3,531,600
備品	870,000	備品減価償却累計額	326,250
土地	2,310,000	資本金	3,500,000
投資有価証券	71,300	資本準備金	1,200,000
長期貸付金	?	繰越利益剰余金	1,825,004
仕入	1,360,000	売上	1,910,000
営業費	123,000	受取利息配当金	15,000
支払利息	24,000	有価証券利息	3,150
合　　計	?	合　　計	?

〔**資料Ⅱ**〕　決算整理事項等

1．有形固定資産に関する情報は以下のとおりである。

	償却方法	耐用年数	残存価額
建　物	定額法	50年	ゼロ
備　品	定額法	８年	ゼロ

2．減損損失に関する情報は以下のとおりである。

(1) 当社は，Ｘ事業部，Ｙ事業部およびＺ事業部の３つの事業部を有している。

(2) 当期末において，Ｘ事業部におけるＢ資産グループ，Ｃ資産グループおよび共用資産に減損の兆候が把握された。なお，Ｘ事業部における各資産グループは，それぞれがキャッシュ・フローを生み出す最小単位と判断される。

(3) 減損損失の認識にあたり，将来キャッシュ・フローの見積期間は３年とする。

(4) Ｘ事業部における各資産グループおよびＸ事業部全体の今後３年間の割引前将来キャッシュ・フローは，次のとおりである。

	×９年３月期	×10年３月期	×11年３月期
Ａ資産グループ	不　明	不　明	不　明
Ｂ資産グループ	87,000千円	82,500千円	71,000千円
Ｃ資産グループ	280,000千円	190,000千円	120,000千円
Ｘ事業部全体	420,000千円	314,000千円	225,000千円

(5) 使用価値の算定に用いる割引率は２％である。なお，割引計算は次の現価係数を用いて行うこと。

	１　年	２　年	３　年
２　％	0.98	0.96	0.94

(6) X事業部における各資産グループおよび共用資産の帳簿価額（当期減価償却後）は，次のとおりである。

	A資産グループ	B資産グループ	C資産グループ	共　用　資　産
建　物	60,000千円	80,000千円	240,000千円	30,000千円
備　品	16,000千円	40,000千円	60,000千円	—
土　地	44,000千円	120,000千円	300,000千円	—
合　計	120,000千円	240,000千円	600,000千円	30,000千円

(7) X事業部における各資産グループ，共用資産およびX事業部全体の当期末における正味売却価額は，次のとおりである。

A資産グループ	B資産グループ	C資産グループ	共　用　資　産	X事業部全体
115,000千円	220,000千円	500,000千円	7,090千円	842,090千円

(8) 減損損失の配分はすべて帳簿価額を基準として比例配分する。なお，回収可能価額が判明しているものについては，減損損失配分後の各資産グループが回収可能価額を下回らないようにすること。

3．有価証券に関する情報は以下のとおりである。なお，有価証券の発生及び消滅は，修正受渡日基準により認識している。また，その他有価証券の評価差額については全部純資産直入法を採用している。

銘　柄	保有目的	取得原価	当期末時価	備　考
A社株式	売買目的	150千ドル	140千ドル	（注1）
B社株式	—	8,300千円	8,900千円	（注2）
C社社債	その他	63,000千円	59,000千円	（注3）

（注1）×8年3月30日に買付約定したものであり，受渡予定日は×8年4月2日である。なお，×8年3月30日の直物為替相場は1ドル＝109円であり，×8年3月31日の直物為替相場は1ドル＝110円である。

（注2）×7年6月2日に取得したものであり，×7年10月1日よりトレーディング取引を開始したため，保有目的をその他から売買目的に変更しているが，未処理である。なお，保有目的変更時の時価は8,100千円であった。

（注3）×7年5月1日に取得したものである。同日にC社社債の相場変動リスクをヘッジするため，債券先物市場で売建取引を行った（債券先物価格は×7年5月1日が61,000千円，×8年3月31日が57,400千円）。なお，当該ヘッジ取引は，ヘッジ会計の要件を満たしており，時価ヘッジにより処理している。

４．貸付金に関する情報は以下のとおりである。

(1) 対W社貸付金

① 当社は，×４年４月１日において，W社に対し，利率年４％，利払日毎年３月末，返済日×９年３月31日の条件で 400,000千円を貸し付けた。

② W社より×７年３月末の利払後に条件緩和の要請があり，当社は以後の利息を利率年１％に引き下げることに合意した。前期末において対W社貸付金を貸倒懸念債権に分類し，キャッシュ・フロー見積法により貸倒見積高を算定している。なお，〔**資料Ⅰ**〕の貸倒引当金は，すべて当該貸付金に係るものである。

(2) 対Ｖ社貸付金

① 当社は，×７年４月１日において，Ｌ社より，対Ｖ社貸付金（債権金額 200,000千円，利率年３％，利払日毎年３月末，返済日×９年３月31日）を 196,228千円で取得した。債権金額と取得価額との差額は金利の調整と認められるため，償却原価法（実効利子率年４％）を適用する。

② Ｖ社より当期の利払後に条件緩和の要請があり，当社は以後の利息を免除するとともに，元本返済期日を１年延長することに合意した。当期末において対Ｖ社貸付金を貸倒懸念債権に分類し，キャッシュ・フロー見積法により貸倒見積高を算定する。

５．商品の期末棚卸高は38,000千円であり，商品の収益性の低下及び棚卸減耗は生じていない。

問 1　貸借対照表の「建物」（減価償却累計額控除後）として正しい金額の番号を一つ選びなさい。

1. 2,837,805千円　　2. 2,860,715千円　　3. 2,897,805千円
4. 2,968,605千円　　5. 2,991,515千円　　6. 2,997,605千円

問 2　損益計算書の「減損損失」として正しい金額の番号を一つ選びなさい。

1. 30,400千円　　2. 42,550千円　　3. 53,310千円
4. 65,460千円　　5. 105,310千円　　6. 147,910千円

問 3　損益計算書の「有価証券評価損」と「投資有価証券評価損」の合計金額として正しい金額の番号を一つ選びなさい。

1. 350千円　　2. 550千円　　3. 750千円
4. 900千円　　5. 1,250千円　　6. 1,550千円

問 4　損益計算書の「受取利息配当金」として正しい金額の番号を一つ選びなさい。

1. 25,668千円　　2. 26,095千円　　3. 27,944千円
4. 30,095千円　　5. 33,944千円　　6. 37,668千円

問 5　貸借対照表の「貸倒引当金」として正しい金額の番号を一つ選びなさい。

1. 17,307千円　　2. 21,096千円　　3. 23,019千円
4. 23,307千円　　5. 24,096千円　　6. 24,704千円

□
□
□

問題 52　総合問題③

次の〔**資料**〕に基づき，下記の設問に答えなさい。なお，ＮＲ社，Ａ社，Ｂ社およびＣ社の決算日は３月31日である。また，解答にあたっては，〔**資料**〕以外の条件は考慮しないこととする。

〔**資料Ⅰ**〕　解答上の留意事項

1．のれんは発生年度の翌年度から10年間にわたって定額法により償却している。
2．税効果会計は，個別財務諸表作成上，その他有価証券の評価差額についてのみ適用しており，連結財務諸表作成上は，子会社および関連会社の資産および負債の時価評価から生じる一時差異にのみ適用する。なお，税効果会計を適用する場合の実効税率は各社とも毎期40％とする。

〔**資料Ⅱ**〕　ＮＲ社に関する事項

ＮＲ社の資本金，利益剰余金，その他有価証券評価差額金および土地（簿価）は，次のとおりである。

	Ｘ４年３月31日	Ｘ５年３月31日
（資本金）	1,000,000千円	1,000,000千円
（資本剰余金）	300,000千円	300,000千円
（利益剰余金）	900,000千円	1,050,000千円
（その他有価証券評価差額金）	5,100千円	4,500千円
（土地）	500,000千円	500,000千円

〔**資料Ⅲ**〕　Ａ社に関する事項

1．ＮＲ社は，Ｘ１年３月31日にＡ社株式 5,200株を26千円／株で取得し，Ａ社を連結子会社とした。

2．ＮＲ社は，Ｘ５年４月１日にＡ社を吸収合併した。合併にあたり，ＮＲ社はＡ社の株主（ＮＲ社は除く）に対し，ＮＲ社株式を 2,800株（すべて新株）を交付した。なお，企業結合日におけるＮＲ社株式の時価は30千円／株であった。また，ＮＲ社は新株発行に伴う増加資本の全額を資本金とした。

3．Ａ社の発行済株式総数，資本金，利益剰余金およびその他有価証券評価差額金は，次のとおりである。

	Ｘ１年３月31日	Ｘ４年３月31日	Ｘ５年３月31日
(発行済株式総数)	8,000株	8,000株	8,000株
(資　本　金)	180,000千円	180,000千円	180,000千円
(利益剰余金)	20,000千円	32,000千円	46,000千円
(その他有価証券評価差額金)	1,200千円	2,400千円	3,300千円

4．Ａ社における土地の簿価および時価は，次のとおりである。

	Ｘ１年３月31日	Ｘ４年３月31日	Ｘ５年３月31日
(簿　　価)	50,000千円	50,000千円	50,000千円
(時　　価)	57,000千円	58,000千円	59,000千円

〔資料Ⅳ〕　Ｂ社に関する事項

1．ＮＲ社は，Ｘ２年３月31日にＢ社株式 8,400株を35千円／株で取得し，Ｂ社を連結子会社とした。

2．Ｂ社は，Ｘ４年３月31日に非支配株主からＢ社株式 800株を39千円／株で取得した。

3．Ｂ社の発行済株式総数，資本金，利益剰余金および自己株式は，次のとおりである。

	Ｘ２年３月31日	Ｘ４年３月31日	Ｘ５年３月31日
(発行済株式総数)	12,000株	12,000株	12,000株
(資　本　金)	350,000千円	350,000千円	350,000千円
(利益剰余金)	50,000千円	75,000千円	95,000千円
(自己株式)	—	△　31,200千円	△　31,200千円

4．Ｂ社における土地の簿価および時価は，次のとおりである。

	Ｘ２年３月31日	Ｘ４年３月31日	Ｘ５年３月31日
(簿　価)	132,000千円	132,000千円	85,800千円
(時　価)	152,000千円	155,000千円	104,000千円

なお，Ｂ社はＸ４年度に土地（簿価46,200千円）を56,000千円で外部の第三者に売却している。

〔**資料Ⅴ**〕　C社に関する事項

1．NR社は，X３年３月31日にC社株式 750株を52千円／株で取得し，C社を持分法適用会社とした。
2．NR社は，X４年３月31日にC社株式 1,050株を54千円／株で追加取得し，C社を連結子会社とした。
3．C社の発行済株式総数，資本金および利益剰余金は，次のとおりである。

	X３年３月31日	X４年３月31日	X５年３月31日
(発行済株式総数)	3,000株	3,000株	3,000株
(資　本　金)	140,000千円	140,000千円	140,000千円
(利益剰余金)	10,000千円	13,000千円	17,000千円

4．C社における土地の簿価および時価は，次のとおりである。

	X３年３月31日	X４年３月31日	X５年３月31日
(簿　価)	70,000千円	70,000千円	70,000千円
(時　価)	72,800千円	76,000千円	78,000千円

問 1　X４年度の連結損益計算書における「のれん償却額」として正しい金額の番号を一つ選びなさい。

1.　898千円　　2.　903千円　　3.　941千円
4.　1,053千円　　5.　1,089千円　　6.　1,103千円

問 2　X４年度の連結損益計算書における「非支配株主に帰属する当期純利益」として正しい金額の番号を一つ選びなさい。

1.　10,450千円　　2.　10,765千円　　3.　11,500千円
4.　11,815千円　　5.　12,550千円　　6.　12,765千円

問 3　Ｘ４年度の連結貸借対照表における「土地」として正しい金額の番号を一つ選びなさい。

1.　705,800千円	2.　728,600千円	3.　731,800千円
4.　738,800千円	5.　741,000千円	6.　751,000千円

問 4　Ｘ４年度の連結貸借対照表における「利益剰余金」として正しい金額の番号を一つ選びなさい。

1.　1,096,612千円	2.　1,097,434千円	3.　1,097,470千円
4.　1,097,625千円	5.　1,098,368千円	6.　1,099,434千円

問 5　Ｘ４年度の連結貸借対照表における「非支配株主持分」として正しい金額の番号を一つ選びなさい。

1.　250,630千円	2.　251,365千円	3.　252,415千円
4.　254,605千円	5.　261,805千円	6.　281,805千円

問 6　合併直後（Ｘ５年４月１日）のＮＲ社個別貸借対照表における「資本剰余金」として正しい金額の番号を一つ選びなさい。

1.　296,570千円	2.　296,990千円	3.　297,305千円
4.　297,410千円	5.　297,725千円	6.　297,990千円

問 7　合併直後（Ｘ５年４月１日）のＮＲ社個別貸借対照表における「その他有価証券評価差額金」として正しい金額の番号を一つ選びなさい。

1.　4,500千円	2.　4,800千円	3.　5,280千円
4.　5,800千円	5.　5,865千円	6.　6,600千円

□□□

問題 53　総合問題④

次の〔**資料**〕に基づき，下記の設問に答えなさい。

〔**資料Ⅰ**〕　各社の純資産（単位：千円）

1．P 社

	X０年度末	X１年度末（事業分離前）
資本金	500,000	500,000
利益剰余金	125,000	145,000
自己株式	43,000	44,000
その他有価証券評価差額金	—	1,100

2．A 社

	X０年度末	X１年度末
資本金	250,000	250,000
利益剰余金	60,000	75,000
その他有価証券評価差額金	—	3,500

3．B 社

	X０年度末	X１年度末
資本金	100,000	100,000
利益剰余金	25,000	33,000

4．C 社

	X０年度末	X１年度末（事業分離前）
資本金	50,000	50,000
利益剰余金	12,000	17,000

5．P社，A社及びC社における利益剰余金の推移は当期純利益による変動である。なお，B社における利益剰余金の推移は当期純利益10,000千円及び剰余金の配当 2,000千円による変動である。

〔資料Ⅱ〕 株式の取得状況及び連結会社間取引等

1．P 社

(1) X0年度末に，P社はA社の発行済株式の80%を 253,200千円で取得し，A社を子会社とした。なお，X0年度末におけるA社が保有する土地（簿価50,000千円）の時価は54,000千円であった。その他の資産および負債について，簿価と時価との乖離は認められなかった。

(2) X0年度末に，P社はC社の発行済株式（10,000株）の10%を 6,300千円（@ 6,300円）で取得した。なお，X0年度末におけるC社が保有する土地（簿価20,000千円）の時価は20,500千円であった。その他の資産および負債について，簿価と時価との乖離は認められなかった。

(3) X1年度末に，P社はp事業をC社に移転した。なお，p事業の分離に際して，P社はC社の株式を26,000株（@ 7,000円）受け取り，C社を子会社とした。また，X1年度末におけるC社が保有する土地（簿価20,000千円）の時価は21,000千円であった。その他の資産および負債について，簿価と時価との乖離は認められなかった。

(4) C社は上記事業分離により増加する払込資本を全額資本金とした。なお，上記事業分離後において，C社の発行済株式総数は36,000株となった。

(5) 分離直前のP社のp事業の状況は以下のとおりである（単位：千円）。

株主資本相当額	諸資産の簿価	諸資産の時価	事業の時価
175,000	176,100	180,000	182,000

なお，p事業にはその他有価証券評価差額金が 1,100千円含まれている。また，負債は存在しない。

2．A　社

(1)　X０年度末に，A社はB社の発行済株式の60%を78,000千円で取得し，B社を子会社とした。なお，B社の資産および負債について，簿価と時価との乖離は認められなかった。

(2)　X１年度に，A社はP社の発行済株式の５%を34,000千円で取得した。

(3)　A社は保有するP社株式をその他有価証券に分類しており，X１年度末における保有するP社株式時価は37,500千円であった。なお，A社はその他有価証券の評価差額について，全部純資産直入法を採用している。

3．B　社

X１年度に，B社はA社に対し土地（簿価 8,000千円）を10,000千円で売却した。A社は当該土地をX１年度末において保有している。

〔**資料Ⅲ**〕　その他の留意事項

1．各社の事業年度ならびに連結会計年度は，すべて３月31日に終了する１年である。

2．のれんは発生年度の翌連結会計年度より認められる最長償却期間で定額法により償却を行っている。

3．税効果会計については考慮しない。

4．各社のX１年度個別損益計算書の一部（単位：千円）

	P　社	A　社	B　社	C　社
受取利息配当金	13,000	9,100	2,800	900

問 1　Ｘ１年度のＰ社個別貸借対照表における「Ｃ社株式」の金額として正しい番号を一つ選びなさい。

1. 175,000千円　　2. 176,100千円　　3. 181,300千円
4. 182,400千円　　5. 189,000千円　　6. 190,300千円

問 2　Ｘ１年度の連結損益計算書における「受取利息配当金」の金額として正しい番号を一つ選びなさい。

1. 23,700千円　　2. 23,860千円　　3. 24,600千円
4. 24,900千円　　5. 25,800千円　　6. 26,600千円

問 3　Ｘ１年度の連結損益計算書における「非支配株主に帰属する当期純利益」の金額として正しい番号を一つ選びなさい。

1. 6,890千円　　2. 7,130千円　　3. 7,210千円
4. 7,370千円　　5. 7,930千円　　6. 8,130千円

問 4　Ｘ１年度の連結貸借対照表における「のれん」の金額として正しい番号を一つ選びなさい。

1. 4,750千円　　2. 5,425千円　　3. 5,500千円
4. 5,550千円　　5. 6,050千円　　6. 6,250千円

問 5　Ｘ１年度の連結貸借対照表における「利益剰余金」の金額として正しい番号を一つ選びなさい。

1. 157,910千円　　2. 159,320千円　　3. 159,660千円
4. 160,360千円　　5. 161,320千円　　6. 171,600千円

問 6　Ｘ１年度の連結貸借対照表における「自己株式」の金額として正しい番号を一つ選びなさい。

1.　27,200千円	2.　71,200千円	3.　74,000千円
4.　78,000千円	5.　81,500千円	6.　84,000千円

問 7　Ｘ１年度の連結貸借対照表における「その他有価証券評価差額金」の金額として正しい番号を一つ選びなさい。

1.　825千円	2.　1,100千円	3.　3,625千円
4.　3,900千円	5.　4,600千円	6.　4,625千円

解答・解説編

Certified Public Accountant

正解 4

本問のポイント　現金及び預金

▼解　説▼　(単位：千円)

Ⅰ．仕訳処理（解答上，必要な仕訳のみ示す）

1．期中未処理事項

(借) 現　金	2,500	(貸) 有価証券利息	2,500(*1)

(*1) 期限到来後社債利札

2．決算整理事項

(1) 米ドル紙幣

(借) 現　金	150	(貸) 為替差損益	150(*2)

(*2) 30千ドル×(ＣＲ120円／ドル－115円／ドル)＝150

(2) 未渡小切手

(借) 当座預金	3,800	(貸) 未払金	3,800(*3)

(*3) 営業費支払いのための未渡小切手

(3) 現金過不足

(借) 現金過不足	370(*4)	(貸) 現　金	370
(借) 雑損失	260	(貸) 現金過不足	260(*5)

(*4) 現金a/c 帳簿残高18,850(*6)－現金実際有高18,480(*7)＝370

(*5) 370(*4)－前T/B 現金過不足110＝260

(*6) 前T/B 現金16,200＋2,500(*1)＋150(*2)＝18,850

(*7) 邦貨建硬貨・紙幣1,380＋米ドル紙幣3,600(*8)＋他社振出小切手9,800＋郵便為替証書1,200＋期限到来後社債利札2,500(*1)＝18,480

(*8) 30千ドル×ＣＲ120円／ドル＝3,600

Ⅱ．決算整理後残高試算表の一部

決算整理後残高試算表（一部）

現　　　　金	18,480	雑　収　入	330
当 座 預 金	358,400		
雑　損　失	1,130		

Ⅲ．解答数値の算定

（A）損益計算書における雑損失：1,130

（B）貸借対照表における現金及び預金：

現金18,480＋当座預金358,400＝376,880

正解 3

本問のポイント　現金及び預金

▼解　説▼　(単位：千円)

Ⅰ．B/S 現金及び預金の内訳

小口現金	5,000	
当座預金	∴ 106,500	
定期預金	36,000	← 300千ドル×当期ＣＲ120円／ドル
B/S 現金及び預金	147,500	

Ⅱ．銀行勘定調整表

1．甲銀行

銀行勘定調整表

前T/B 当座預金勘定残高	∴ 99,300	銀行証明書残高	∴ 104,500
加算：②振込未記帳	7,200	加算：①未取立小切手	2,000
調整後残高	106,500	調整後残高	106,500

2．乙銀行

銀行勘定調整表

前T/B 当座預金勘定残高	∴ △ 9,750	銀行証明書残高	△ 10,000
減算：　利息引落	△ 250		
調整後残高	△ 10,000	調整後残高	△ 10,000

Ⅲ．解答数値の算定

前T/B(甲銀行当座預金勘定残高99,300－乙銀行当座預金勘定残高9,750)

＝89,550

問題 3　　正解 1

本問のポイント　有価証券

▼解　説▼　（単位：千円）

Ⅰ．仕訳処理

1．A社社債（満期保有目的の債券）

（借）	未収有価証券利息	2,625(*2)	（貸）	有価証券利息	3,482(*1)
	投資有価証券	857(*3)			

(*1) ×5.6/30における利息配分額4,643(*4)×$\frac{9ヶ月(×4.7〜×5.3)}{12ヶ月}$

＝3,482.25 → 3,482（四捨五入）

(*2) 利札受取額3,500(*5)×$\frac{9ヶ月(×4.7〜×5.3)}{12ヶ月}$＝2,625

(*3) 3,482(*1)－2,625(*2)＝当期償却額857

(*4) 取得原価66,326×実効利子率7％＝4,642.82 → 4,643（四捨五入）

(*5) 額面70,000×券面利子率5％＝3,500

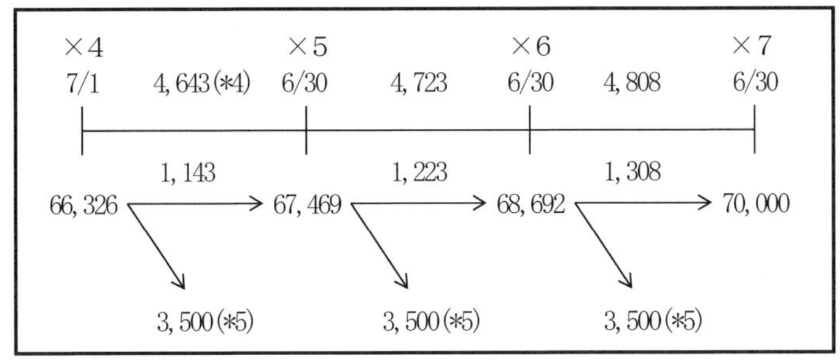

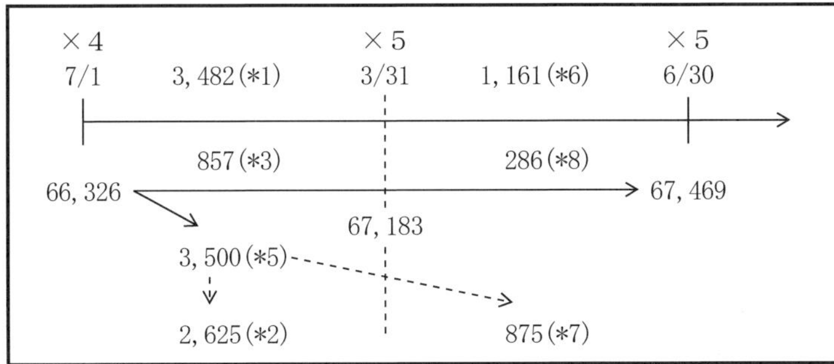

(*6)　×５.６／30における利息配分額4,643(*4)－3,482(*1)＝1,161

(*7)　利札受取額3,500(*5)× $\dfrac{3ヶ月(×5.4〜×5.6)}{12ヶ月}$ ＝875

(*8)　1,161(*6)－875(*7)＝償却額286

(注)　利払日を基準に計算を行うこと。

２．Ｂ社株式（その他有価証券，減損処理）

(借) 投資有価証券評価損　23,100(*1)	(貸) 投 資 有 価 証 券　23,100

(*1)　取得原価35,000×50％＝17,500 ＞ 当期末時価11,900

→ 著しい下落（減損処理）

∴ 取得原価35,000－当期末時価11,900＝23,100

３．Ｃ社株式（関係会社株式，実質価額法）

(借) 関係会社株式評価損　13,000(*1)	(貸) 関 係 会 社 株 式　13,000

(*1)　取得原価24,000×50％＝12,000 ＞ 実質価額11,000(*2)

→ 著しい下落（減損処理）

∴ 取得原価24,000－実質価額11,000(*2)＝13,000

(*2)　Ｃ社純資産44,000×当社持分比率25％＝11,000

4．D社新株予約権（その他有価証券）及びD社株式（売買目的有価証券）

(1) 権利行使時（未処理）

(借)	有価証券 (D社株式)	60,630(*3)	(貸)	現金預金	60,000(*1)
				投資有価証券 (D社新株予約権)	630(*2)

(*1) 権利行使価格@6×取得株式数10,000株(*4)＝60,000

(*2) 取得原価@63×10個＝630

(*3) 60,000(*1)＋630(*2)＝D社株式取得原価60,630

(注) 新株予約権を行使した場合，保有目的に応じて，売買目的有価証券の場合には「権利行使時の時価」で，その他有価証券の場合には「帳簿価額」で株式に振り替える。

(*4) @1,000株×10個＝10,000株

(2) 決算整理

(借)	投資有価証券 (D社新株予約権)	80(*5)	(貸)	その他有価証券評価差額金	80
(借)	有価証券 (D社株式)	1,370(*6)	(貸)	有価証券評価損益	1,370

(*5)(当期末時価@65－取得原価@63)×(50個－10個)＝80

(*6) 当期末時価62,000－D社株式取得原価60,630(*3)＝1,370

Ⅱ．解答数値の算定

営業外収益：A社社債3,482＋D社株式1,370＝4,852

固定資産に計上される有価証券：A社社債(66,326＋857)＋B社株式11,900＋C社株式11,000＋D社新株予約権@65×(50個－10個)＝92,683

問題 4

正解 4

本問のポイント　有価証券

▼解　説▼　(単位：千円)

I．仕訳処理

1．A社株式（売買目的有価証券）

(1) ×8年3月29日（約定日）

(借) 有価証券	18,360	(貸) 未払金	18,360

(注) 約定日基準を採用している場合，約定日に有価証券の発生を認識する。

(2) ×8年3月31日（決算日）

(借) 有価証券	840	(貸) 有価証券評価損益	840(*1)

(*1) 当期末時価19,200－取得原価18,360＝840

2．B社株式（有価証券の借入）

(1) ×8年3月3日（借入日）

(借) 貸付金	13,770(*1)	(貸) 現金預金	13,770

(*1) 現金担保額

(2) ×8年3月31日（決算日）

仕訳なし

(注) 借手は，借り入れた有価証券の自由処分権を有するが，その返還義務を貸借対照表に計上する必要はなく，有価証券を借り入れている旨及び貸借対照表日における時価を注記する。

3．C社株式（親会社株式，その他有価証券）

(1) ×８年１月５日（取得日）

(借) 親 会 社 株 式	16,000	(貸) 現 金 預 金	16,000

(2) ×８年３月31日（決算日）

(借) その他有価証券評価差額金	100	(貸) 親 会 社 株 式	100(*1)

(*1) 取得原価16,000－当期末時価15,900＝100

(注) 親会社株式のうち，決算日後１年以内に処分されると認められるものは「流動資産」に計上する。

Ⅱ．解答数値の算定

A社株式19,200＋C社株式15,900＝35,100

問題 5　　正解 3

本問のポイント　その他有価証券

▼解　説▼　（単位：千円）

Ⅰ．仕訳処理（解答上，必要な仕訳のみ示す）

1．Ａ社株式

(借)		(貸)	
繰延税金資産	200(*2)	投資有価証券	500(*1)
その他有価証券評価差額金	300		

(*1) 取得原価27,000－当期末時価26,500＝500

(*2) 500(*1)×実効税率40％＝200

2．Ｂ社株式

(借)		(貸)	
投資有価証券	100(*1)	繰延税金負債	40(*2)
		その他有価証券評価差額金	60

(*1) 当期末時価11,100－取得原価11,000＝100

(*2) 100(*1)×実効税率40％＝40

(注) 修正受渡日基準を採用している場合，有価証券自体は認識せず，約定日から決算日までの時価の変動のみ認識する。

3．Ｃ社株式

(借)		(貸)	
投資有価証券	2,750(*1)	繰延税金負債	1,100(*2)
		その他有価証券評価差額金	1,650

(*1) 当期末時価210千ドル×ＣＲ115円／ドル
－取得原価200千ドル×ＨＲ107円／ドル＝2,750

(*2) 2,750(*1)×実効税率40％＝1,100

4．D社社債

(借)	投資有価証券	220	(貸)	有価証券利息	220(*1)
(借)	投資有価証券	1,860(*2)	(貸)	繰延税金負債	92(*3)
				その他有価証券評価差額金	138
				為替差損益	1,630(*4)

(*1) 2千ドル(*5)×AR110円／ドル＝220

(*2) 当期末時価184千ドル×CR115円／ドル
－(取得原価19,080(*6)＋220(*1))＝1,860

(*3) {当期末時価184千ドル－(180千ドル＋当期償却額2千ドル(*5))}
×CR115円／ドル×実効税率40%＝92

(*4) (180千ドル＋当期償却額2千ドル(*5))×CR115円／ドル
－(19,080(*6)＋220(*1))＝1,630

(*5) (額面200千ドル－180千ドル)× $\frac{6ヶ月(×3.10〜×4.3)}{60ヶ月}$ ＝2千ドル

(*6) 180千ドル×HR106円／ドル＝19,080

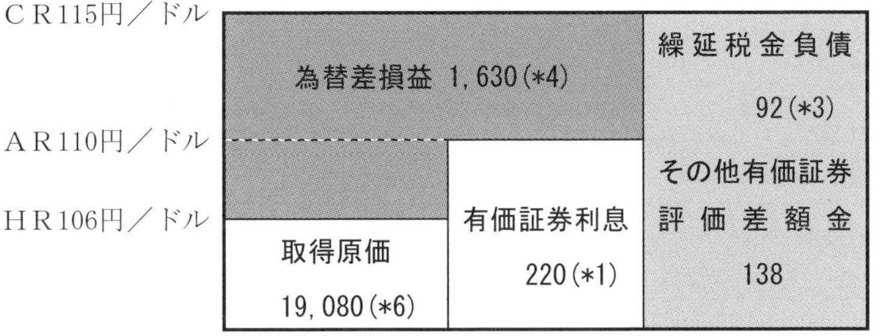

Ⅱ．解答数値の算定

A社株式－300＋B社株式60＋C社株式1,650＋D社社債138＝1,548

問題 6　　正解 3

本問のポイント　有価証券の保有目的区分の変更

▼解　説▼　(単位：千円)

I．仕訳処理 (解答上，必要な仕訳のみ示す)

1．A社株式 (売買目的有価証券から関連会社株式への振替)

(1) 追加取得

(借) 有価証券	26,000	(貸) 現金預金	26,000

(2) 追加取得及び保有目的の変更

(借) 関係会社株式	35,000	(貸) 現金預金	35,000
(借) 関係会社株式	70,000(*1)	(貸) 有価証券	56,000(*2)
		有価証券評価損益	14,000

(*1) 振替時の時価@14.0×(3,000株＋2,000株)＝70,000

(*2) 期首保有分@10.0×3,000株＋追加取得分26,000＝56,000

(注) 売買目的有価証券から関連会社株式に振り替える場合，「振替時の時価」で振り替え，振替時の評価差額は損益計算書に計上する。

2．B社株式 (売買目的有価証券からその他有価証券への振替)

(1) 保有目的の変更

(借) 投資有価証券	93,500(*1)	(貸) 有価証券	72,500(*2)
		有価証券評価損益	21,000

(*1) 振替時の時価@18.7×5,000株＝93,500

(*2) @14.5×5,000株＝72,500

(注) 売買目的有価証券からその他有価証券に振り替える場合，「振替時の時価」で振り替え，振替時の評価差額は損益計算書に計上する。

(2) 決算整理仕訳

(借) 投資有価証券	3,500(*3)	(貸) その他有価証券評価差額金	3,500

(*3) 当期末時価@19.4×5,000株−93,500(*1)＝3,500

3．C社株式（関連会社株式からその他有価証券への振替）

(1) 一部売却及び保有目的の変更

(借)	現金預金	35,200	(貸)	関係会社株式	33,920(*1)
				関係会社株式売却益	1,280
(借)	投資有価証券	50,880(*2)	(貸)	関係会社株式	50,880

(*1) @21.2×1,600株＝33,920

(*2) @21.2×2,400株＝50,880

(注) 関連会社株式からその他有価証券に振り替える場合，「帳簿価額」をもって振り替える。

(2) 決算整理仕訳

(借)	投資有価証券	1,680(*3)	(貸)	その他有価証券評価差額金	1,680

(*3) 当期末時価@21.9×2,400株－50,880(*2)＝1,680

4．D社株式（その他有価証券から関連会社株式への振替）

(1) 追加取得及び保有目的の変更

(借)	関係会社株式	115,500	(貸)	現金預金	115,500
(借)	関係会社株式	260,000	(貸)	投資有価証券	260,000(*1)

(*1) 簿価@32.5×8,000株＝260,000

(注) 全部純資産直入法を採用しており，その他有価証券から関連会社株式に振り替える場合，「帳簿価額」をもって振り替える。

Ⅱ．解答数値の算定

（A）：A社株式(35,000＋70,000)＋D社株式(115,500＋260,000)＝480,500

（B）：B社株式3,500＋C社株式1,680＝5,180

Ⅱ 有価証券

問題 7　　正解 5

本問のポイント　特殊商品売買

▼解　説▼　(単位：千円)

Ⅰ. 試用品の分析

試　用　品

期　首	78,000	前期試送売原	78,000
当期試送	341,000	当期試送売原	259,000
		期　末	∴82,000
合　計	419,000 ← 前T/B 試用品		

前期試送売原 78,000 ÷ $\frac{0.65}{1.1}$ → 前期試送分売上 132,000

当期試送分売上 ∴407,000 × $\frac{0.7}{1.1}$ → 当期試送売原 259,000

前T/B 試用売上 539,000

Ⅱ. 損益計算書（売上総利益まで）

損　益　計　算　書

期首商品棚卸高	258,000(*2)	売上高	1,639,000(*1)
当期商品仕入高	1,540,690(*3)	期末商品棚卸高	292,000(*4)
売上総利益	**∴132,310**		
	1,931,000		1,931,000

(*1) 一般1,100,000＋試用539,000＝1,639,000

(*2) 期首手許商品180,000＋期首試用品78,000＝258,000

(*3) 前T/B 仕入1,199,690＋当期試送341,000＝1,540,690

(*4) 期末手許商品210,000＋期末試用品82,000＝292,000

問題 8　　正解 4

本問のポイント　有形固定資産及び投資不動産

▼解　説▼　(単位：千円)

I．決算整理仕訳

1．建　物

(1) 投資建物への振替

(借)	投　資　建　物	100,000	(貸)	建　物	100,000
(借)	建物減価償却累計額	78,750(*1)	(貸)	投資建物減価償却累計額	78,750

(*1) $100,000 \times 0.9 \times \frac{経過年数35年}{40年} = 78,750$

(2) 資本的支出

(借)	建　物	30,000	(貸)	修　繕　費 (販売費及び一般管理費)	30,000(*2)

(*2) $45,000 \times \frac{延長耐用年数10年(*3)}{支出後の残存耐用年数15年} = 30,000$

(*3) 支出後の残存耐用年数15年－(40年－経過年数35年)＝10年

(3) 減価償却

(借)	建物減価償却費 (販売費及び一般管理費)	7,350(*4)	(貸)	建物減価償却累計額	7,350
(借)	投資建物減価償却費 (営業外費用)	2,250(*5)	(貸)	投資建物減価償却累計額	2,250

(*4) 4,050(*6)＋3,300(*7)＝7,350

(*5) 100,000×0.9÷40年＝2,250

(*6) (480,000－100,000－200,000)×0.9÷40年＝4,050

(*7) (要償却額207,000(*8)－期首減価償却累計額157,500(*9))

÷支出後の残存耐用年数15年＝3,300

(*8) (200,000＋資本的支出30,000(*2))×0.9＝207,000

(*9) $200,000 \times 0.9 \times \frac{経過年数35年}{40年} = 157,500$

2．備　品

(借) 備品減価償却費 (販売費及び一般管理費)	36,000(*1)	(貸) 備品減価償却累計額	36,000

(*1) (280,000－120,000)×0.9÷10年
+(120,000×0.9－期首減価償却累計額64,800(*2))÷2年＝36,000

(*2) $120,000 \times 0.9 \times \frac{\text{経過年数6年}}{\text{10年}} = 64,800$

Ⅱ．解答数値の算定

減価償却費(建物7,350＋備品36,000)＋修繕費(45,000－30,000)＝58,350

Ⅳ固定資産

問題 9　　正解 2

本問のポイント　セール・アンド・リースバック取引

▼解　説▼　(単位：千円)

Ⅰ．仕訳処理（解答上，必要な仕訳のみ示す）

1．前　期

(1) セール・アンド・リースバック取引時（×7年4月1日）

(借)	備品減価償却累計額	21,600(*1)	(貸)	備　品	48,000
	現金預金	30,000(*2)		長期前受収益	3,600(*3)
(借)	リース資産	30,000	(貸)	リース債務	30,000(*2)

(*1) (48,000－残存価額4,800)×$\frac{4年(×3.4〜×7.3)}{8年}$＝21,600

(*2) 売却価額＝貸手の購入価額

(*3) 貸借差額

(2) 第1回リース料支払時（×7年4月1日）

(借)	リース債務	8,000(*4)	(貸)	現金預金	8,000

(*4) 支払リース料

(注) リース料を前払しているため，第1回目のリース料の支払は，全額リース債務の返済となる。

(3) 前期決算整理（×8年3月31日）

(借)	リース債務	14,986	(貸)	リース債務(固定)	14,986(*5)
(借)	リース資産減価償却費	6,300(*6)	(貸)	リース資産減価償却累計額	6,300
(借)	長期前受収益	900(*7)	(貸)	リース資産減価償却費	900

(*5) 30,000(*2)－8,000(*4)－7,014(*8)＝×8年4月1日返済後元本14,986

(*6) (30,000(*2)－残存価額4,800)
÷リース契約締結時残存耐用年数4年＝6,300

(*7) 3,600(*3)÷リース契約締結時残存耐用年数4年＝900

(*8) 8,000(*4)－利息相当額986(*9)＝×8年4月1日元本返済分7,014

(*9) (30,000(*2)－8,000(*4))×4.48%＝985.6 → 986（四捨五入）

2．当　期

(1) 第2回リース料支払時（×8年4月1日）

(借)	支　払　利　息	986(*9)	(貸)	現　金　預　金	8,000(*4)
	リ　ー　ス　債　務	7,014(*8)			

(2) 当期決算整理（×9年3月31日）

(借)	リース債務(固定)	7,329	(貸)	リ　ー　ス　債　務	7,329(*10)
(借)	リース資産減価償却費	6,300(*6)	(貸)	リース資産減価償却累計額	6,300
(借)	長期前受収益	900(*7)	(貸)	リース資産減価償却費	900

(*10) 8,000(*4)－利息相当額671(*11)＝×9年4月1日元本返済分7,329

(*11) 14,986(*5)×4.48%＝671.3728 → 671（四捨五入）

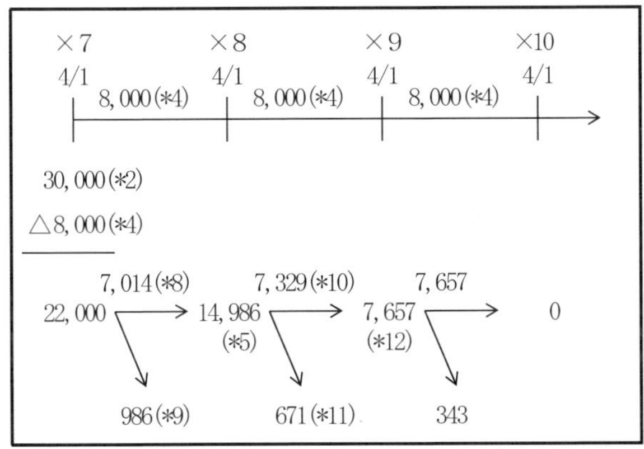

(*12) 14,986(*5)－7,329(*10)＝7,657

Ⅱ．解答数値の算定

リース資産17,400(*13)＋固定負債に計上されるリース債務7,657(*12)

＝25,057

(*13) 30,000(*2)－減価償却費6,300(*6)×2年(×7.4～×9.3)＝17,400

正解 **1**

本問のポイント ソフトウェア

▼解　説▼（単位：千円）

Ⅰ．ソフトウェアT

1．×5年度末

（借）ソフトウェア減価償却費 172,500(*1)	（貸）ソフトウェア 172,500

(*1) 見込販売数量に基づく償却額172,500(*2)

> 残存有効期間に基づく均等配分額160,000(*3) → ∴ 172,500

(*2) $480{,}000 \times \dfrac{2{,}300\text{個}}{2{,}300\text{個}+2{,}600\text{個}+1{,}500\text{個}} = 172{,}500$

(*3) 480,000÷3年＝160,000

2．×6年度末

（借）ソフトウェア減価償却費 202,500(*4)	（貸）ソフトウェア 202,500

(*4) 195,000(*5)＋7,500(*6)＝202,500

(*5) 見込販売数量に基づく償却額195,000(*7)

> 残存有効期間に基づく均等配分額153,750(*8) → ∴ 195,000

(*6) 通常の償却実施後の未償却残高112,500(*9)

－×7年度見込販売収益105,000＝7,500

（注）通常の償却実施後の未償却残高が見込販売収益を上回った場合，当該超過額は費用または損失として処理する。

(*7) $(480{,}000-172{,}500(*1)) \times \dfrac{2{,}600\text{個}}{2{,}600\text{個}+1{,}500\text{個}} = 195{,}000$

(*8) (480,000－172,500(*1))÷2年＝153,750

(*9) 480,000－172,500(*1)－195,000(*5)＝112,500

Ⅱ．ソフトウェアＳ

１．×５年度末

(借) ソフトウェア減価償却費 240,000(*1)	(貸) ソ フ ト ウ ェ ア 240,000

(*1) 見込販売数量に基づく償却額234,000(*2)

＜ 残存有効期間に基づく均等配分額240,000(*3) → ∴ 240,000

(*2) $720,000 \times \frac{2,600\text{個}}{2,600\text{個}+3,400\text{個}+2,000\text{個}} = 234,000$

(*3) 720,000÷３年＝240,000

２．×６年度末

(借) ソフトウェア減価償却費 240,000(*4)	(貸) ソ フ ト ウ ェ ア 240,000

(*4) 見込販売数量に基づく償却額133,333(*5)

＜ 残存有効期間に基づく均等配分額240,000(*6) → ∴ 240,000

(注) 当期末に見込販売数量を変更した場合には，次期より当該ソフトウェアの残存有効期間にわたる将来の期間の損益で認識する。したがって，見込販売数量が著しく減少した場合でも臨時償却は行わない。

(*5) $(720,000-240,000(*1)) \times \frac{1,500\text{個}}{3,400\text{個}+2,000\text{個}} = 133,333.333\cdots$

→ 133,333（四捨五入）

(*6) (720,000−240,000(*1))÷２年＝240,000

Ⅲ．解答数値の算定

ソフトウェアＴ(480,000−172,500−202,500)

＋ソフトウェアＳ(720,000−240,000−240,000)＝345,000

Ⅳ固定資産

正解　5

本問のポイント　資産除去債務（見積りの変更）

▼解　説▼　（単位：千円）

Ⅰ．仕訳処理（解答上，必要な仕訳のみ示す）

1．X1年4月1日

(借) 設　　　　　　備	8,000	(貸) 現　金　預　金	5,000
		資産除去債務	3,000(*1)

(*1) $3,650 \div (1.04)^5 = 3,000.033\cdots$ → 3,000（四捨五入）

2．X2年3月31日

(1) 時の経過による資産除去債務の増加

(借) 利　息　費　用	120	(貸) 資産除去債務	120(*2)

(*2) 3,000(*1)×4.0%＝120

(2) 減価償却

(借) 設備減価償却費	1,600(*3)	(貸) 設備減価償却累計額	1,600

(*3) 8,000÷5年＝1,600

3．X3年3月31日

(1) 時の経過による資産除去債務の増加

(借) 利　息　費　用	125	(貸) 資産除去債務	125(*4)

(*4) (3,000(*1)＋120(*2))×4.0%＝124.8 → 125（四捨五入）

(2) 減価償却

(借) 設備減価償却費	1,600(*3)	(貸) 設備減価償却累計額	1,600

(3) 将来キャッシュ・フロー見積額の増加による資産除去債務の増加

(借) 設　　　　　備	630	(貸) 資 産 除 去 債 務	630(*5)

(*5) 割引前将来キャッシュ・フローの見積増加額705(*6)÷$(1.038)^3$
=630.372… → 630（四捨五入）

(*6) 4,355－3,650＝705

(注) 割引前将来キャッシュ・フローが増加する場合，新たな資産除去債務の発生と同様のものとして，その時点の割引率を適用する。

4．X4年3月31日

(1) 時の経過による資産除去債務の増加

(借) 利　息　費　用	154	(貸) 資 産 除 去 債 務	154(*7)

(*7) (3,000(*1)＋120(*2)＋125(*4))×4.0%＋630(*5)×3.8%
＝153.74 → 154（四捨五入）

(2) 減価償却

(借) 設備減価償却費	1,810(*8)	(貸) 設備減価償却累計額	1,810

(*8) 8,000÷5年＋630(*5)÷3年＝1,810

(3) 将来キャッシュ・フロー見積額の減少による資産除去債務の減少

(借) 資 産 除 去 債 務	1,226(*9)	(貸) 設　　　　　備	1,226

(*9) 見積変更前資産除去債務4,029(*10)
－見積変更後資産除去債務2,803(*11)＝1,226

(*10) 3,000(*1)＋120(*2)＋125(*4)＋630(*5)＋154(*7)＝4,029

(*11) 割引前将来キャッシュ・フロー見積額3,030
÷$(1+0.0397(*12))^2$＝2,803.022… → 2,803（四捨五入）

(*12) $4.0\% \times \frac{3,650}{3,650+705(*6)} + 3.8\% \times \frac{705(*6)}{3,650+705(*6)} = 3.967\cdots\%$

→ 加重平均割引率3.97%（四捨五入）

(注) 割引前将来キャッシュ・フローが減少する場合，負債計上時の割引率を適用する。ただし，過去に割引前将来キャッシュ・フローが増加した場合で，減少部分に適用すべき割引率を特定できない時は，加重平均した割引率を適用する。

5．X５年３月31日

(1) 時の経過による資産除去債務の増加

(借) 利息費用	111	(貸) 資産除去債務	111(*13)

(*13) 2,803(*11)×3.97%(*12)＝111.2791 → 111（四捨五入）

(2) 減価償却

(借) 設備減価償却費	1,197(*14)	(貸) 設備減価償却累計額	1,197

(*14) 8,000÷５年＋630(*5)÷３年－1,226(*9)÷２年＝1,197

Ⅱ．解答数値の算定

減価償却費1,197(*14)＋資産除去債務2,914(*15)＝4,111

(*15) 2,803(*11)＋111(*13)＝2,914

問題 12　　正解 5

本問のポイント　貸倒引当金

▼解　説▼　(単位：千円)

Ⅰ．対Ａ社貸付金（貸倒懸念債権，財務内容評価法）

1．利払時

(借) 現金預金	6,000	(貸) 受取利息	6,000(*1)

(*1) 200,000×３％＝6,000

2．決算整理

(借) 貸倒引当金繰入額	74,000(*2)	(貸) 貸倒引当金	74,000

(*2) {200,000－(43,000＋9,000)}×50％＝74,000

Ⅱ．対Ｂ社貸付金（貸倒懸念債権，キャッシュ・フロー見積法）

1．前期決算整理

(借) 貸倒引当金繰入額	27,891(*1)	(貸) 貸倒引当金	27,891

(*1) 500,000－472,109(*2)＝27,891

(*2) $\dfrac{10,000(*3)}{1.05}+\dfrac{510,000(*4)}{(1.05)^2}$＝472,108.843… → 472,109（四捨五入）

(*3) 500,000×２％＝10,000

(*4) 500,000＋10,000(*3)＝510,000

2．利払時

(借) 現金預金	10,000	(貸) 受取利息	10,000(*3)

3．決算整理

(借) 貸倒引当金	13,605(*5)	(貸) 受取利息	13,605

(*5) 485,714(*6)－472,109(*2)＝13,605

(*6) $\dfrac{510,000(*4)}{1.05}$＝485,714.285… → 485,714（四捨五入）

(注) 時の経過による債権の変動額は，原則として受取利息として処理する。

Ⅲ．対Ｃ社貸付金（貸倒懸念債権，償却原価法，キャッシュ・フロー見積法）

１．取得時

（借）長期貸付金	1,082,400	（貸）現金預金	1,082,400

２．利払時（償却原価法，利息法）

（借）現金預金	44,944(＊2)	（貸）受取利息	64,944(＊1)
長期貸付金	20,000(＊3)		

(＊1) 簿価1,082,400×実効利子率６％＝64,944

(＊2) 債権金額1,123,600×債権金額に対する利率４％＝44,944

(＊3) 64,944(＊1)－44,944(＊2)＝20,000

３．決算整理

（借）貸倒引当金繰入額	102,400(＊4)	（貸）貸倒引当金	102,400

(＊4) 簿価1,102,400(＊5)－1,000,000(＊6)＝102,400

(＊5) 1,082,400＋20,000(＊3)＝1,102,400

(＊6) $\dfrac{1,123,600}{(1.06)^2}=1,000,000$

（注）キャッシュ・フロー見積法は，元利金のキャッシュ・フロー全体の割引現在価値を債権の元本と捉える考え方に基づいた処理である。すなわち，通常，発生した債権の契約上のキャッシュ・フローを約定利子率で割り引いた現在価値は債権元本に一致する。

本問においては，条件緩和前の将来キャッシュ・フローを債権取得当初の実効利子率６％で割り引いた現在価値が，条件緩和直前の対Ｃ社貸付金の簿価 1,102,400(＊5)に一致する。したがって，条件緩和による債権価値の減少額を算定するためには，条件緩和後の将来キャッシュ・フローを債権取得当初の実効利子率６％で割り引き，条件緩和直前の対Ｃ社貸付金の簿価 1,102,400(＊5)と比較する必要がある。

Ⅳ．解答数値の算定

（Ａ）当期損益計算書に計上される受取利息

対Ａ社6,000＋対Ｂ社(10,000＋13,605)＋対Ｃ社64,944＝94,549

（Ｂ）当期貸借対照表に計上される貸倒引当金

対Ａ社74,000＋対Ｂ社(27,891－13,605)＋対Ｃ社102,400＝190,686

∴（Ｂ）－（Ａ）＝96,137

問題 13　　正解 3

本問のポイント　退職給付会計（従業員拠出がある場合）

▼解　説▼　（単位：千円）

Ⅰ．仕訳処理

1．期中仕訳

（借）	退職給付費用	17,426(*1)	（貸）	退職給付引当金	17,426
（借）	退職給付引当金	9,000(*2)	（貸）	現金預金	12,000
	従業員預り金	3,000(*3)			
（借）	退職給付引当金	3,000(*3)	（貸）	退職給付費用	3,000

(*1) 勤務費用10,570＋利息費用9,100－期待運用収益2,610
＋未認識過去勤務費用の費用処理額160(*4)
＋未認識数理計算上の差異費用処理額206(*5)＝17,426

(*2) 年金基金への拠出額12,000－3,000(*3)＝9,000

(*3) 従業員からの拠出額

（注）従業員拠出額を年金資産の増加（退職給付引当金の減額）として処理するとともに，勤務費用（退職給付費用）から控除する。

(*4) 1,440÷(10年－経過年数1年)＝160

(*5) 1,000×20.6％＝206

2．決算整理仕訳（当期発生数理計算上の差異の費用処理）

（借）	退職給付費用	103	（貸）	退職給付引当金	103(*6)

(*6) 500(*7)×20.6％＝103

(*7) Ⅱ．ワークシート参照

Ⅱ．ワークシート

	前期末実際	退職給付費用	年金・掛金支払額	当期末予測	数理計算上の差異	当期末実際
退職給付債務	(200,000)	S (10,570) I (9,100)	P 5,500	(214,170)	―	(214,170)
年金資産	87,000	R 2,610	P (5,500) C 12,000	96,110	(500)	95,610
未積立退職給付債務	(113,000)			(118,060)		(118,560)
未認識過去勤務費用	1,440	A (160)		1,280		1,280
未認識数理計算上の差異						
前期以前発生分	1,000	A (206)		794		794
当期発生分		A (103)		(103)	500 (*7)	397
従業員拠出額		3,000	(3,000)			
退職給付引当金	(110,560)	(14,426) (103)	9,000	(116,089)	0	(116,089)

（注）Ｓ：勤務費用　　Ｉ：利息費用　　Ｒ：期待運用収益
　　　Ｐ：年金支払額　　Ｃ：掛金拠出額
　　　Ａ：過去勤務費用及び数理計算上の差異の費用処理額

Ⅲ．解答数値の算定

17,426(*1)－3,000(*3)＋103(*6)＝14,529

V 引当金・社債

正解　4

本問のポイント　社債（繰上償還）

▼解　説▼　（単位：千円）

Ⅰ．図　示

←当　期→

×4 1/1　×4 12/31　×5 4/1　6/30　×5 12/31　×6 3/31　×6 12/31　×7 12/31　×8 12/31

95,000(*5)
96,000(*4)
97,000(*3)
98,000(*2)
99,000(*1)　@1,000 (*6)

(*1) 額面100,000－@1,000(*6)×1コマ＝99,000

(*2) 額面100,000－@1,000(*6)×2コマ＝98,000

(*3) 額面100,000－@1,000(*6)×3コマ＝97,000

(*4) 額面100,000－@1,000(*6)×4コマ＝96,000

(*5) 額面100,000－@1,000(*6)×5コマ＝95,000

(*6)（額面総額500,000－払込金額485,000(*7)）÷15コマ(*8)＝@1,000

(*7) 額面総額500,000×$\frac{@\ 97円}{@100円}$＝485,000

(*8) $\frac{5 \times (5+1)}{2}$＝15コマ

Ⅱ．期中仕訳

1．再振替仕訳（×５年４月１日）

(借) 未払社債利息	3,650(*1)	(貸) 社債利息	3,650

(*1) 400,000(*2)×3.65%×$\frac{3ヶ月(×5.1〜×5.3)}{12ヶ月}$＝3,650

(*2) 額面総額500,000－×４年12月31日償還分100,000＝400,000

2．繰上償還（×５年６月30日）

(借) 社債利息	250(*1)	(貸) 社債	250
(借) 社債	96,500(*2)	(貸) 現金預金	98,700
社債利息	1,810(*3)		
社債償還損	390		

(*1) @1,000×１コマ×$\frac{3ヶ月(×5.4〜×5.6)}{12ヶ月}$＝250

(*2) 96,250(*4)＋250(*1)＝×８年12月31日償還予定分96,500

(*3) 額面100,000×3.65%×$\frac{181日(×5.1/1〜×5.6/30)}{365日}$＝1,810

(*4) 95,000＋@1,000×１コマ

＋@1,000×１コマ×$\frac{3ヶ月(×5.1〜×5.3)}{12ヶ月}$＝96,250

3．償還時及び利払日（×５年12月31日）

(借) 社債利息	750(*1)	(貸) 一年内償還社債	750
(借) 一年内償還社債	100,000(*2)	(貸) 現金預金	100,000
(借) 社債利息	10,950(*3)	(貸) 現金預金	10,950

(*1) @1,000×１コマ×$\frac{9ヶ月(×5.4〜×5.12)}{12ヶ月}$＝750

(*2) 98,000＋@1,000×２コマ＝×５年12月31日償還分100,000

(*3) 300,000(*4)×3.65%＝10,950

(*4) 額面総額500,000－×４年12月31日償還分100,000

－×５年６月30日繰上償還分100,000＝300,000

Ⅲ．決算整理仕訳

1．未払社債利息の計上

(借) 社債利息	1,825	(貸) 未払社債利息	1,825(*1)

(*1) 200,000(*2)×3.65%×$\frac{3ヶ月(×6.1〜×6.3)}{12ヶ月}$＝1,825

(*2) 額面総額500,000－×４年12月31日償還分100,000
－×５年６月30日繰上償還分100,000
－×５年12月31日償還分100,000＝200,000

2．償却額の計上

(借) 社債利息	2,000(*1)	(貸) 社債	2,000

(*1) @1,000×２コマ＝2,000

3．一年内償還社債への振替

(借) 社債	99,250	(貸) 一年内償還社債	99,250(*1)

(*1) 97,000＋@1,000×２コマ
＋@1,000×１コマ×$\frac{3ヶ月(×6.1〜×6.3)}{12ヶ月}$
＝×６年12月31日償還予定分99,250

Ⅳ．解答数値の算定

社債利息：－3,650＋250＋1,810＋750＋10,950＋1,825＋2,000＝13,935

正解　5

本問のポイント　社債（利息法，臨時買入償還）

▼解　説▼　（単位：千円）

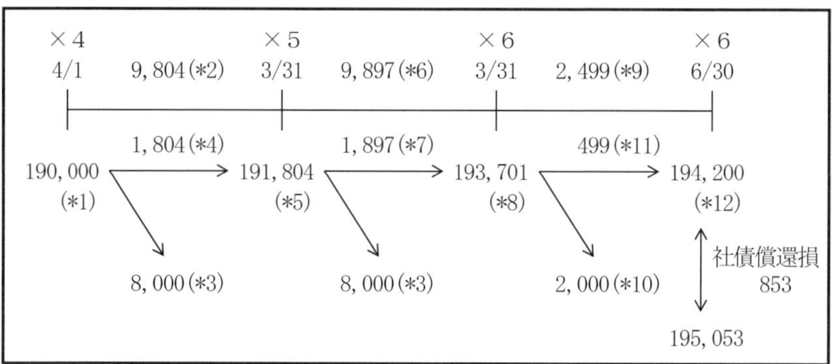

(*1)　払込金額950,000×20%＝190,000

(*2)　190,000(*1)×5.16%＝9,804

(*3)　額面1,000,000×20%×４%＝8,000

(*4)　9,804(*2)－8,000(*3)＝1,804

(*5)　190,000(*1)＋1,804(*4)＝191,804

(*6)　191,804(*5)×5.16%＝9,897.0864 → 9,897（四捨五入）

(*7)　9,897(*6)－8,000(*3)＝1,897

(*8)　191,804(*5)＋1,897(*7)＝193,701

(*9)　193,701(*8)×5.16%×$\frac{３ヶ月(×6.4〜×6.6)}{12ヶ月}$＝2,498.7429

→ 2,499（四捨五入）

(*10)額面1,000,000×20%×４%×$\frac{３ヶ月(×6.4〜×6.6)}{12ヶ月}$＝2,000

(*11)2,499(*9)－2,000(*10)＝499

(*12)193,701(*8)＋499(*11)＝194,200

Ⅰ．期中仕訳

1．臨時買入償還（×６年６月30日）

(借)	社債利息	499(*11)	(貸)	社債	499
(借)	社債	194,200(*12)	(貸)	現金預金	197,053(*13)
	社債利息	2,000(*10)			
	社債償還損	853			

(*13) 裸相場195,053＋端数利息2,000(*10)＝利付相場197,053

2．利払日（×７年３月31日）

(借)	社債利息	39,980(*1)	(貸)	現金預金	32,000(*2)
				社債	7,980(*3)

(*1) ×6.3/31における償却原価968,505(*4)×80％×5.16％＝39,979.8864

→ 39,980（四捨五入）

(*2) 額面1,000,000×80％×４％＝32,000

(*3) 39,980(*1)－32,000(*2)＝7,980

(*4) 193,701(*8)÷20％＝968,505

Ⅲ．解答数値の算定

社債利息(499＋2,000＋39,980)＋社債償還損853＝43,332

正解　1

本問のポイント　分配可能額の算定（臨時計算書類を作成する場合）

▼解　説▼　（単位：千円）

Ⅰ．仕訳処理

1．剰余金の配当

（借）その他資本剰余金	2,200	（貸）資本準備金	200(*1)
		未払配当金	2,000
（借）繰越利益剰余金	8,800	（貸）利益準備金	800(*2)
		未払配当金	8,000

(*1) $1,000 \times \frac{2,000}{8,000+2,000} = 200$

(*2) $1,000 \times \frac{8,000}{8,000+2,000} = 800$

2．自己株式の消却

（借）その他資本剰余金	3,000	（貸）自己株式	3,000

（注）自己株式を消却した場合には，消却手続が完了した時に，消却の対象となった自己株式の帳簿価額を「その他資本剰余金」から減額する。

3．自己株式の処分

（借）現金預金	11,000	（貸）自己株式	9,000
		その他資本剰余金	2,000(*1)

(*1) 自己株式の処分の対価11,000－9,000＝2,000

Ⅱ．×６年９月30日における残高試算表の一部

残　高　試　算　表

自己株式	24,000	資本金	980,000
		資本準備金	72,200
		その他資本剰余金	16,800
		利益準備金	54,800
		繰越利益剰余金	91,200

Ⅲ．分配可能額の算定

１．剰余金の算定

×６年９月30日における(その他資本剰余金16,800
＋繰越利益剰余金91,200)＝108,000

２．分配可能額の算定（臨時計算書類を作成する場合）

分配可能額 ＝ 剰余金 － 自己株式 － 自己株式の処分の対価
＋ 臨時決算日までの利益
＋ 臨時決算日までの自己株式の処分の対価

剰余金108,000－分配時における自己株式24,000
－自己株式の処分の対価11,000＋臨時決算日までの利益27,000
＋臨時決算日までの自己株式の処分の対価11,000＝111,000

正解 **4**

本問のポイント　外貨建転換社債型新株予約権付社債（一括法）

▼解　説▼　（単位：千円）

Ⅰ．仕訳処理

1．×3年4月1日（発行日）

（借）	現金預金	920,000	（貸）	社債	920,000(*1)

(*1) 額面総額8,000千ドル(*2)×115円／ドル＝920,000

(*2) 額面金額@1,000ドル×8,000口＝8,000千ドル

2．×3年11月11日（権利行使日）

（借）	社債	230,000(*3)	（貸）	資本金	190,000(*5)
	為替差損益	6,000(*4)		資本準備金	46,000(*6)

(*3) 920,000(*1)×25%＝230,000

(*4) 為替差損総額30,000－決算整理24,000(*7)＝権利行使日6,000

(*5) @950円×200千株(*8)＝190,000

(*6) 貸借差額

(*7) 8,000千ドル(*2)×(1－25%)
×(CR119円／ドル－115円／ドル)＝24,000

(*8) $\dfrac{8,000千ドル(*2)×25\%×転換レート100円／ドル}{転換価格1,000円}$＝200千株

（注）上記の仕訳は以下のように分解して考えると分かり易いであろう。

(1) 権利行使分を権利行使時の為替相場で換算する。

（借）	為替差損益	6,000(*4)	（貸）	社債	6,000

(2) 権利行使され，新株を発行する。

（借）	社債	236,000(*9)	（貸）	資本金	190,000(*5)
				資本準備金	46,000(*6)

(*9) 230,000(*3)＋6,000(*4)＝236,000

３．×４年３月31日（決算整理）

(借) 為替差損益	24,000(*7)	(貸) 社債	24,000

Ⅱ．解答数値の算定

（Ａ）当期における資本準備金の増加額：46,000(*6)

（Ｂ）当期貸借対照表における社債の金額：920,000(*1)－230,000(*3)
＋24,000(*7)＝714,000

又は，8,000千ドル(*2)×（１－25%）×ＣＲ119円／ドル＝714,000

問題 18　　正解 1

本問のポイント　在外子会社のキャッシュ・フロー計算書の換算

▼解　説▼　（単位：千円）

Ⅰ．円換算後キャッシュ・フロー計算書

キャッシュ・フロー計算書

Ⅰ	営業活動によるキャッシュ・フロー	1,782,500(*1)
Ⅱ	投資活動によるキャッシュ・フロー	△ 1,150,000(*2)
Ⅲ	財務活動によるキャッシュ・フロー	△ 574,760(*3)
Ⅳ	**現金及び現金同等物に係る換算差額**	**∴ 122,260**
Ⅴ	現金及び現金同等物の増加額	180,000(*4)
Ⅵ	現金及び現金同等物の期首残高	1,320,000(*5)
Ⅶ	現金及び現金同等物の期末残高	1,500,000(*6)

(*1)　15,500千ドル×ＡＲ115円／ドル＝1,782,500

(*2)　10,000千ドル×ＡＲ115円／ドル＝1,150,000

(*3) (5,000千ドル－120千ドル)×ＡＲ115円／ドル
＋120千ドル×配当時の為替相場113円／ドル＝574,760

(*4)　1,500,000(*6)－1,320,000(*5)＝180,000

(*5)　12,000千ドル×前期ＣＲ110円／ドル＝1,320,000

(*6) (12,000千ドル＋現金及び現金同等物の増加額500千ドル(*7))
×当期ＣＲ120円／ドル＝1,500,000

(*7)　営業ＣＦ15,500千ドル－投資ＣＦ10,000千ドル
－財務ＣＦ5,000千ドル＝500千ドル

正解　6

本問のポイント　為替予約（独立処理・振当処理）

▼解　説▼　（単位：千円）

Ⅰ．独立処理

1．×7年3月20日（予約日）

仕　訳　な　し

（注）為替予約時においては，デリバティブ取引として認識すべき額がゼロであるから仕訳を行わない。

2．×7年3月31日（決算日）

（借）	為　替　予　約	2,100(*1)	（貸）	繰延税金負債	840(*2)
				繰延ヘッジ損益	1,260

(*1) 700千ドル×(3/20ＦＲ123円／ドル－3/31ＦＲ120円／ドル)＝2,100

(*2) 2,100(*1)×実効税率40%＝840

3．×7年4月1日（期首 ＝ 洗替処理）

（借）	繰延税金負債	840(*2)	（貸）	為　替　予　約	2,100(*1)
	繰延ヘッジ損益	1,260			

4．×7年5月1日（売上日）

(1) 売上取引

（借）	売　掛　金	82,600(*3)	（貸）	売　　上	82,600

(*3) 700千ドル×118円／ドル＝82,600

(2) 為替予約の時価評価

(借) 為替予約	4,200(*4)	(貸) 繰延税金負債	1,680(*5)
		繰延ヘッジ損益	2,520

(*4) 700千ドル×(3/20ＦＲ123円／ドル－5/1ＦＲ117円／ドル)＝4,200

(*5) 4,200(*4)×実効税率40％＝1,680

(3) 繰延ヘッジ損益の認識

(借) 繰延税金負債	1,680(*5)	(貸) 売上	4,200(*4)
繰延ヘッジ損益	2,520		

(注) 繰延ヘッジ損益を損益計上するにあたっては，原則としてヘッジ対象の損益区分と同一区分で表示する。

5．×7年6月30日（決済日）

(1) 売掛金の決済

(借) 現金預金	81,200(*6)	(貸) 売掛金	82,600(*3)
為替差損益	1,400(*7)		

(*6) 700千ドル×116円／ドル＝81,200

(*7) 700千ドル×(118円／ドル－116円／ドル)＝1,400

(2) 為替予約の決済

(借) 現金預金	4,900(*8)	(貸) 為替予約	4,200(*4)
		為替差損益	700(*9)

(*8) 700千ドル×(3/20ＦＲ123円／ドル－116円／ドル)＝4,900

(*9) 700千ドル×(5/1ＦＲ117円／ドル－116円／ドル)＝700

Ⅱ．振当処理

1．×7年3月20日（予約日）

仕　訳　な　し

2．×7年3月31日（決算日）

(借)	為　替　予　約	2,100(*1)	(貸)	繰延税金負債	840(*2)
				繰延ヘッジ損益	1,260

(*1) 700千ドル×(3/20ＦＲ123円／ドル－3/31ＦＲ120円／ドル)＝2,100

(*2) 2,100(*1)×実効税率40%＝840

(注) 外貨建取引前に為替予約を行った場合，振当の対象となる外貨建金銭債権債務は存在しないため，為替予約を振り当てることができない。しかし，為替予約をオフバランスにすれば為替予約が財務諸表に反映されないことになってしまうため，決算日に時価評価し，評価差額を繰り延べる。

3．×7年4月1日（期首 ＝ 洗替処理）

(借)	繰延税金負債	840(*2)	(貸)	為　替　予　約	2,100(*1)
	繰延ヘッジ損益	1,260			

4．×7年5月1日（売上日）

(借)	売　掛　金	86,100(*3)	(貸)	売　　上	86,100

(*3) 700千ドル×3/20ＦＲ123円／ドル＝86,100

5．×7年6月30日（決済日）

(借)	現　金　預　金	86,100	(貸)	売　掛　金	86,100(*3)

Ⅲ．解答数値の算定

1．アについて

×７年３月期の貸借対照表における純資産に与える影響：

独立処理 → 繰延ヘッジ損益1,260

振当処理 → 繰延ヘッジ損益1,260

∴ アは誤り

2．イについて

×７年３月期の損益計算書に与える影響：

独立処理 → 0

振当処理 → 0

∴ イは誤り

3．ウについて

×８年３月期の損益計算書の売上高：

独立処理 → 82,600＋4,200＝86,800

振当処理 → 86,100

独立処理の売上高86,800－振当処理の売上高86,100＝700

∴ ウは正しい

4．エについて

×８年３月期の損益計算書に与える影響：

独立処理 → 売上高(82,600＋4,200)＋為替差損益(－1,400＋700)

＝86,100

振当処理 → 売上高 86,100

∴ エは正しい

よって，解答は6．である。

正解 4

本問のポイント 本支店会計

▼解　説▼ （単位：千円，解答上必要な処理のみ示す）

Ⅰ．商品の流れ

（本店）　A　商　品

期　首 1,000個	外部売上 4,200個 (*2)
外部仕入 7,800個 (*1)	支店売上 ∴3,400個
	期　末 1,200個

（支店）　A　商　品

期　首 400個	外部売上 3,300個 (*3)
期首未達 100個	
500個	
本店仕入 3,350個 (*4)	期　末 450個
期首未達 △100個	期末未達 150個
期末未達 ∴150個	600個
3,400個	

(*1) 本店前T/B 仕入936,000÷仕入価格@120＝7,800個

(*2) 本店前T/B A商品売上672,000÷売価@160＝4,200個

(*3) 支店前T/B A商品売上528,000÷売価@160＝3,300個

(*4) 外部売上3,300個(*3)＋期末手許商品450個

－期首手許商品400個＝3,350個

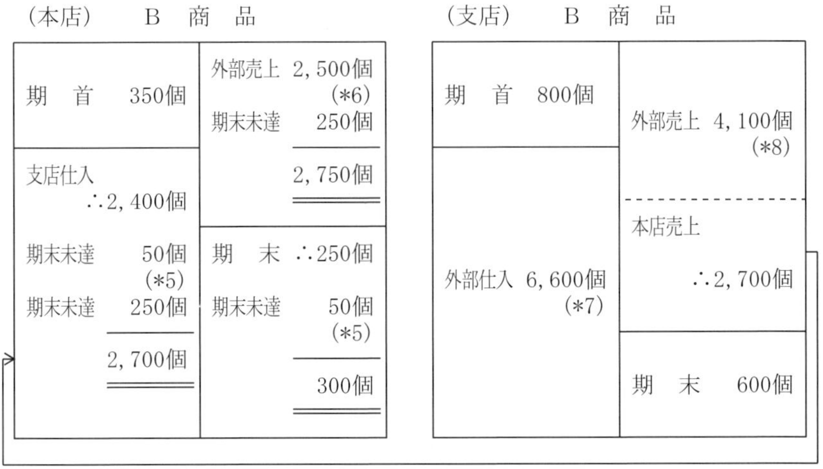

(本店)　B 商 品

期　首　350個	外部売上 2,500個 (*6) 期末未達 250個 2,750個
支店仕入 ∴2,400個 期末未達 50個 (*5) 期末未達 250個 2,700個	期　末 ∴250個 期末未達 50個 (*5) 300個

(支店)　B 商 品

期　首　800個	外部売上 4,100個 (*8)
外部仕入 6,600個 (*7)	本店売上 ∴2,700個
	期　末　600個

(*5) 支店仕入5,750(後述，Ⅱ．参照)÷振替価格@115＝期末未達50個

(*6) 本店前T/B B商品売上325,000÷売価@130＝2,500個

(*7) 支店前T/B 仕入660,000÷仕入価格@100＝6,600個

(*8) 支店前T/B B商品売上533,000÷売価@130＝4,100個

Ⅱ．照合勘定の分析

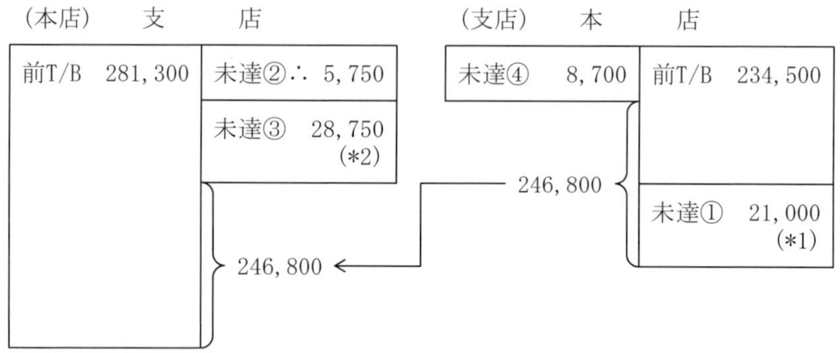

(*1) 振替価格@140×期末未達150個(*3)＝21,000

(*2) 振替価格@115×期末未達250個＝28,750

(*3) 前述（Ⅰ．参照）

Ⅲ．未達取引に係る仕訳（仕訳の左の番号は問題文の未達取引の番号を示す）

1．本　店

②	(借) 支店仕入	5,750	(貸) 支　　店	5,750	
③	(借) 支店仕入	28,750	(貸) 支　　店	28,750	
③	(借) 売 掛 金	32,500	(貸) B商品売上	32,500	(*1)

(*1) 売価@130×250個＝32,500

2．支　店

①	(借) 本店仕入	21,000	(貸) 本　　店	21,000
④	(借) 本　　店	8,700	(貸) 売 掛 金	8,700

Ⅳ．決算振替（支店）

(借)	損　　　　益	30,000	(貸)	本　　　　店	30,000
(借)	繰延内部利益戻入	5,250(*1)	(貸)	本　　　　店	5,250
(借)	本　　　　店	4,500	(貸)	繰延内部利益控除	4,500(*2)

(*1)(振替価格@115－仕入価格@100)×期首手許商品350個＝5,250

(*2)(振替価格@115－仕入価格@100)

×(期末手許商品250個＋商品未達50個)＝4,500

Ⅴ．解答数値の算定

支店後T/B 本店246,800＋支店利益30,000

＋繰延内部利益戻入5,250－繰延内部利益控除4,500＝277,550

問題 21　　正解 1

本問のポイント　キャッシュ・フロー計算書（直接法）

▼解　説▼　（単位：千円）

Ⅰ．当期のキャッシュ・フロー計算書

キャッシュ・フロー計算書

自×2年4月1日　至×3年3月31日

Ⅰ	営業活動によるキャッシュ・フロー	
	営業収入	1,959,600(*1)
	商品の仕入れによる支出	△1,255,000
	人件費の支出	△237,110
	その他の営業支出	△378,830
	小計	88,660
	利息及び配当金の受取額	4,260
	利息の支払額	△11,600(*2)
	営業活動によるキャッシュ・フロー	(A) 81,320
Ⅱ	投資活動によるキャッシュ・フロー	
	定期預金の預入による支出	△20,800(*3)
	定期預金の払戻による収入	99,800(*4)
	投資活動によるキャッシュ・フロー	79,000
Ⅲ	財務活動によるキャッシュ・フロー	
	リース債務の返済による支出	△28,770(*5)
	社債の発行による収入	57,300(*6)
	財務活動によるキャッシュ・フロー	28,530
Ⅳ	現金及び現金同等物に係る換算差額	△200(*7)
Ⅴ	現金及び現金同等物の増加額	188,650
Ⅵ	現金及び現金同等物の期首残高	142,200
Ⅶ	現金及び現金同等物の期末残高	(B) 330,850

(*1) 期首売掛金勘定残高をXと仮定する。

売　掛　金

期　　首　　　X	現及現同 ∴1,959,600(*1)
売　　上　1,978,000	為替差損　　　400(*8)
	期　　末　X＋18,000

(*2) リースに係る利息6,200＋借入金に係る利息3,000

＋社債に係る利息2,400(*9)＝11,600　又は，

P/L（支払利息＋社債利息）12,400－社債の償却額800(*10)＝11,600

(*3) 預入日×2年12月1日の定期預金200千ドル×104円／ドル＝20,800

(*4) 預入日×1年7月1日の定期預金

(注) 預入期間3ヶ月以内の定期預金は現金同等物に該当することから，その預入及び払戻はキャッシュ・フロー計算書には記載されない点に注意すること。

(*5) リース料の支払額34,970－利息相当額6,200＝28,770

(*6) 払込金額57,600－社債発行費300＝57,300

(*7) 預入日×3年2月1日の定期預金100千ドル

×(当期CR99円／ドル－101円／ドル)＝△200

(*8) 200千ドル×(109円／ドル－107円／ドル)＝400

(*9) 額面60,000×4％＝2,400

(*10) $(60,000-57,600)\times\dfrac{12\text{ヶ月}(\times2.4\sim\times3.3)}{36\text{ヶ月}(\times2.4\sim\times5.3)}=800$

問題 22　正解 3

本問のポイント　キャッシュ・フロー計算書（間接法）

▼解　説▼（単位：千円）

I．間接法によるキャッシュ・フロー計算書（小計欄まで）

キャッシュ・フロー計算書

自×4年4月1日　至×5年3月31日

I　営業活動によるキャッシュ・フロー	
税引前当期純利益	∴ 59,580
減価償却費	24,000(*1)
のれん償却額	250(*2)
貸倒引当金の増加額	500(*3)
役員賞与引当金の減少額	△ 130(*4)
売上債権の増加額	△ 8,800(*5)
棚卸資産の増加額	△ 4,900(*6)
仕入債務の減少額	△ 3,900(*7)
小計	66,600

(*1) 前期B/S 建物345,000－当期B/S 建物321,000＝24,000

(*2) $7,500(*8) \div 20年 \times \frac{8ヶ月(×4.8〜×5.3)}{12ヶ月} = 250$

(*3) 当期B/S 貸倒引当金3,620－前期B/S 貸倒引当金3,120＝500

(*4) 前期B/S 役員賞与引当金1,750－当期B/S 役員賞与引当金1,620＝130

(*5)（当期B/S 売掛金144,800－営業譲受に伴う売掛金増加11,200）

－前期B/S 売掛金124,800＝8,800

（注）営業活動に係る資産及び負債の増減には，営業活動によって増減した金額のみ計上するため，営業譲受に伴う増加額は除外する。

(*6) 当期B/S 商品100, 300－前期B/S 商品95, 400＝4, 900

(*7) 前期B/S 買掛金74, 200

－(当期B/S 買掛金80, 200－営業譲受に伴う買掛金増加9, 900)＝3, 900

(注) 営業活動に係る資産及び負債の増減には，営業活動によって増減した金額のみ計上するため，営業譲受に伴う増加額は除外する。

(*8) 買収価額40, 300(*9)－甲事業部門純資産32, 800(*10)＝7, 500

(*9) 当期C/S 営業譲受に伴う支出38, 800＋譲り受けた現金預金1, 500

＝40, 300

(*10) 現金預金1, 500＋売掛金11, 200＋土地30, 000－買掛金9, 900＝32, 800

(注) なお，買収時に以下の仕訳が行われている。

(借)	現金預金	1, 500	(貸)	買掛金	9, 900
	売掛金	11, 200		現金預金	40, 300(*9)
	土地	30, 000			
	のれん	7, 500(*8)			

正解　5

本問のポイント　連結財務諸表（権利落ち株式）

▼解　説▼　（単位：千円）

Ⅰ．時価評価

（借）土　　　　地	20,000(*1)	（貸）繰延税金負債	8,000(*2)
		評　価　差　額	12,000

(*1)　X６年３月31日時価120,000－簿価100,000＝20,000

(*2)　20,000(*1)×実効税率40％＝8,000

Ⅱ．タイム・テーブル

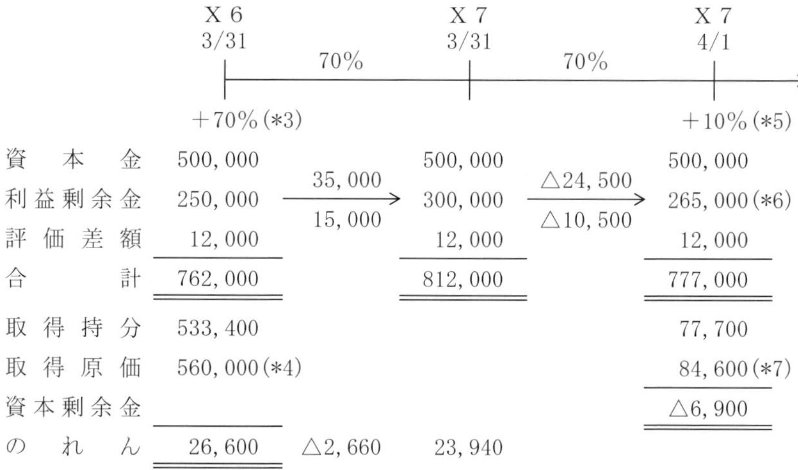

	X６ 3/31 (＋70％(*3))	70％	X７ 3/31	70％	X７ 4/1 (＋10％(*5))
資　本　金	500,000		500,000		500,000
利益剰余金	250,000	35,000 / 15,000 →	300,000	△24,500 / △10,500 →	265,000(*6)
評価差額	12,000		12,000		12,000
合　　計	762,000		812,000		777,000
取得持分	533,400				77,700
取得原価	560,000(*4)				84,600(*7)
資本剰余金					△6,900
の　れ　ん	26,600	△2,660	23,940		

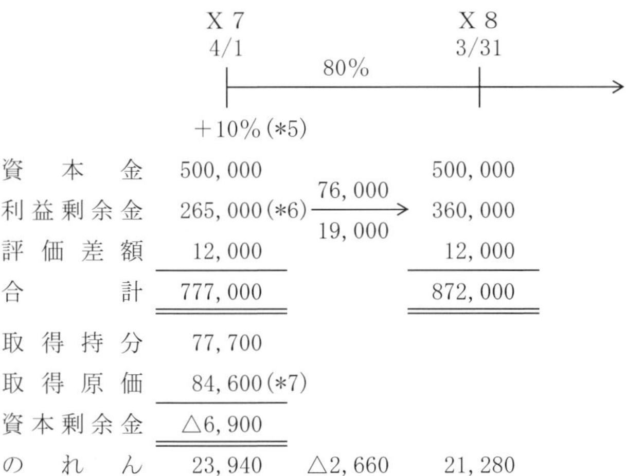

	X 7 4/1 (80%、+10%(*5))		X 8 3/31
資本金	500,000		500,000
利益剰余金	265,000(*6)	76,000 → 19,000	360,000
評価差額	12,000		12,000
合計	777,000		872,000
取得持分	77,700		
取得原価	84,600(*7)		
資本剰余金	△6,900		
のれん	23,940	△2,660	21,280

(*3) 14,000株÷20,000株＝70%

(*4) @40×14,000株＝560,000

(*5) 2,000株÷20,000株＝10%

(*6) X 6年度末利益剰余金300,000－X 7年度剰余金の配当35,000＝265,000

(*7) @42.3×2,000株＝84,600

Ⅲ．連結修正仕訳（解答上，必要な仕訳のみ示す）

1．剰余金の配当

（借）受取利息配当金	24,500(*1)	（貸）剰余金の配当	35,000
非支配株主持分当期変動額	10,500(*2)		

(*1) 35,000×権利落ち株式取得**前**P社持分比率70％＝24,500

(*2) 35,000×権利落ち株式取得**前**非支配株主持分比率30％＝10,500

2．当期純利益の按分

（借）非支配株主に帰属する当期純損益	19,000(*1)	（貸）非支配株主持分当期変動額	19,000

(*1) 当期純利益95,000(*2)×非支配株主持分比率20％＝19,000

(*2) X８年３月31日利益剰余金360,000
－（X７年３月31日利益剰余金300,000－X７年度剰余金の配当35,000）
＝95,000

3．のれんの償却

（借）のれん償却額	2,660(*1)	（貸）の　れ　ん	2,660

(*1) 26,600÷10年＝2,660

Ⅳ．解答数値の算定

連結P/L 親会社株主に帰属する当期純利益：

P社273,520＋S社95,000－受取利息配当金24,500
－非支配株主に帰属する当期純利益19,000
－のれん償却額2,660＝322,360

又は，P社273,520
＋T/T(－24,500＋76,000－2,660)＝322,360

正解　4

本問のポイント　連結財務諸表（評価差額の実現）

▼解　説▼　（単位：千円）

Ⅰ．仕訳処理（解答上，必要な仕訳のみ示す）

1．評価差額の計上及び実現

(1) 土　地

（借）	土　地	40,000(*1)	（貸）	繰延税金負債	16,000(*2)
				評価差額	24,000
（借）	土地売却益	8,000	（貸）	土　地	8,000(*3)
（借）	繰延税金負債	3,200(*4)	（貸）	法人税等調整額	3,200

(*1) 時価390,000－簿価350,000＝40,000

(*2) 40,000(*1)×実効税率40％＝16,000

(*3) $40,000 \times \dfrac{\text{売却した土地の簿価}70,000}{\text{時価評価した土地の簿価}350,000} = 8,000$

(*4) 8,000(*3)×実効税率40％＝3,200

(2) 建　物

（借）	建　物	60,000(*1)	（貸）	建物減価償却累計額	7,200(*2)
				繰延税金負債	21,120(*3)
				評価差額	31,680
（借）	建物減価償却費	3,600(*4)	（貸）	建物減価償却累計額	3,600
（借）	繰延税金負債	1,440	（貸）	法人税等調整額	1,440(*5)

(*1) 時価215,000－簿価(200,000－減価償却累計額45,000)＝60,000

(*2) $60,000(*1) \times 0.9 \times \dfrac{2\text{年}(\times6.4\sim\times8.3)}{\text{残存耐用年数}15\text{年}(*6)} = 7,200$

(*3) (60,000(*1)－7,200(*2))×実効税率40％＝21,120

(*4) 60,000(*1)×0.9÷残存耐用年数15年(*6)＝3,600

(*5) 3,600(*4)×実効税率40％＝1,440

(*6) 耐用年数20年－経過年数５年(×1.4～×6.3)＝残存耐用年数15年

2．当期純利益の按分

（借）非支配株主に帰属する当期純損益	14,608(*1)	（貸）非支配株主持分当期変動額	14,608

(*1) 評価差額実現に係る修正後当期純利益73,040(*2)
×非支配株主持分比率20％＝14,608

(*2) 当期純利益80,000－8,000＋3,200－3,600＋1,440＝73,040

(注) 評価差額は，親会社持分と非支配株主持分に対応する額である。そのため，評価差額の実現に伴って連結上修正される損益は非支配株主に按分する必要がある。したがって，評価差額実現に係る修正後の当期純利益を非支配株主に按分する。

X 連結財務諸表

3．のれんの償却

（借）のれん償却額	2,000(*1)	（貸）の　れ　ん	2,000

(*1) のれん20,000(*2)÷10年＝2,000

(*2) Ｋ社株式508,000
－(Ｋ社個別資本合計550,000(*3)＋評価差額60,000(*4))
×Ｏ社持分比率80％＝20,000

(*3) ×６年３月31日(資本金400,000＋利益剰余金150,000)＝550,000

(*4) 評価差額(土地24,000＋建物36,000(*5))＝60,000

(*5) 60,000×(１－実効税率40％)＝36,000

Ⅱ．解答数値の算定

連結P/L 親会社株主に帰属する当期純利益：

Ｏ社135,000＋Ｋ社80,000－8,000＋3,200－3,600
＋1,440－14,608－2,000＝191,432

問題25

正解 4

本問のポイント 在外子会社の連結（為替換算調整勘定の処理）

▼解　説▼　（単位：千円，解答上必要な処理のみ示す）

Ⅰ．在外子会社の株主資本等変動計算書の換算

借方項目	ドル建	円/ドル	邦貨建	貸方項目	ドル建	円/ドル	邦貨建
資本金当期末残高	5,000	100	500,000	資本金当期首残高	5,000	100	500,000
利益剰余金当期末残高	3,200	—	321,600	利益剰余金当期首残高	3,000	100	300,000
				当期純利益	200	108	21,600
為替換算調整勘定当期末残高	—	—	47,600 (*1)	為替換算調整勘定当期首残高	—	—	—
				為替換算調整勘定当期変動額	—	—	∴47,600
合計	8,200	106	869,200	合計	8,200	106	869,200

(*1)（資本金5,000千ドル＋利益剰余金3,200千ドル）×当期ＣＲ106円／ドル
－（資本金500,000＋利益剰余金321,600）＝47,600

Ⅱ．評価差額の計上

（借）土　地	13,250(*2)	（貸）繰延税金負債	5,300(*3)
		評価差額	7,500(*4)
		為替換算調整勘定当期変動額	450(*5)

(*2)（×１年12月31日時価4,615千ドル－簿価4,490千ドル）
×当期ＣＲ106円／ドル＝13,250

(*3) 13,250(*2)×実効税率40％＝5,300

(*4) 評価差額75千ドル(*6)×100円／ドル＝7,500

(*5) 評価差額75千ドル(*6)×（当期ＣＲ106円／ドル－100円／ドル）＝450

(*6)（×１年12月31日時価4,615千ドル－簿価4,490千ドル）
×（１－実効税率40％）＝75千ドル

Ⅲ．タイム・テーブル

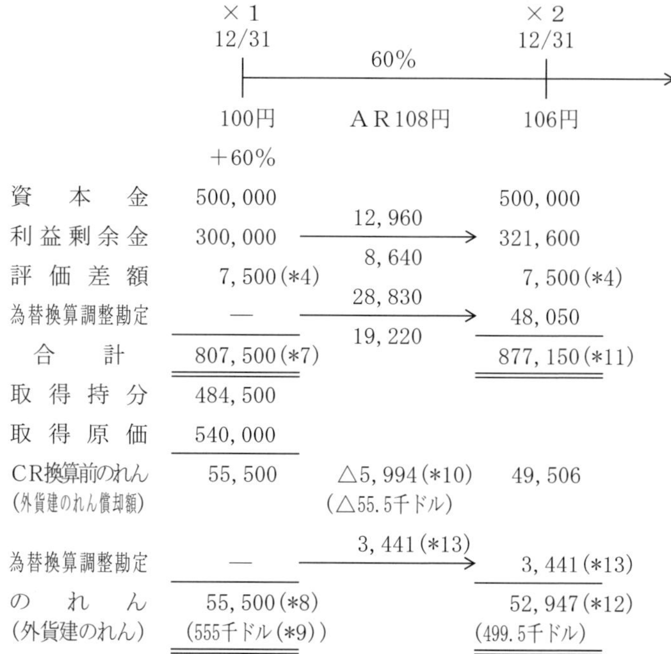

(*7)(資本金5,000千ドル＋利益剰余金3,000千ドル＋評価差額75千ドル(*6))
×前期ＣＲ100円／ドル＝807,500

(*8) 外貨建のれん555千ドル(*9)×前期ＣＲ100円／ドル＝55,500

(*9) 5,400千ドル－(資本金5,000千ドル＋利益剰余金3,000千ドル
＋評価差額75千ドル(*6))×取得比率60%＝555千ドル

(*10)外貨建のれん償却額55.5千ドル×ＡＲ108円／ドル＝5,994

(*11)(資本金5,000千ドル＋利益剰余金3,200千ドル＋評価差額75千ドル(*6))
×当期ＣＲ106円／ドル＝877,150

(*12)外貨建のれん当期末残高499.5千ドル×当期ＣＲ106円／ドル＝52,947

(*13)52,947(*12)－(55,500－5,994(*10))＝3,441

Ⅳ．解答数値の算定

T/T より，資本合計に係る分28,830＋のれんに係る分3,441(*13)＝32,271

問題 26　　正解 6

本問のポイント　持分法（在外関連会社）

▼解　説▼　（単位：千円）

Ⅰ．評価差額の計上（A社は連結されないが，説明の便宜上修正仕訳を示す）

（借）土　　　地	7,500(*1)	（貸）繰延税金負債	3,000(*2)
		評　価　差　額	3,600(*3)
		為替換算調整勘定当期首残高	360(*4)
		為替換算調整勘定当期変動額	540(*5)

(*1) 60千ドル(*6)×当期ＣＲ125円／ドル＝7,500

(*2) 7,500(*1)×実効税率40％＝3,000

(*3) 36千ドル(*7)×株式取得時レート100円／ドル＝3,600

(*4) 36千ドル(*7)
×(前期ＣＲ110円／ドル－株式取得時レート100円／ドル)＝360

(*5) 36千ドル(*7)×(当期ＣＲ125円／ドル－前期ＣＲ110円／ドル)＝540

(*6) (時価1,000千ドル－簿価800千ドル)×持分比率30％＝60千ドル

(*7) 60千ドル(*6)×(１－実効税率40％)＝36千ドル

Ⅱ．タイム・テーブル

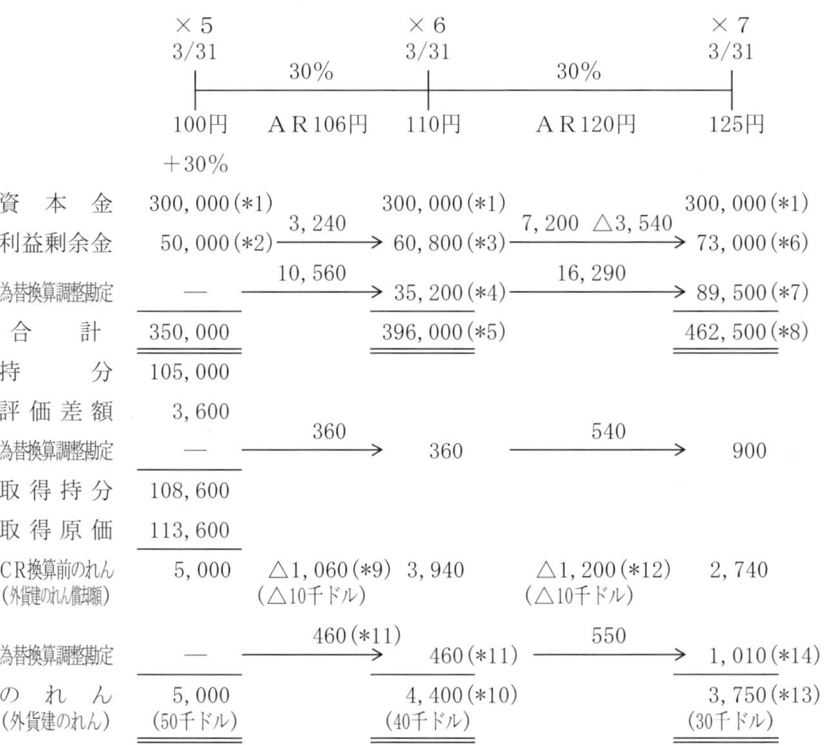

	×5 3/31	30%	×6 3/31	30%	×7 3/31
	100円 ＋30%	ＡＲ106円	110円	ＡＲ120円	125円
資本金	300,000(*1)		300,000(*1)		300,000(*1)
利益剰余金	50,000(*2)	3,240	60,800(*3)	7,200 △3,540	73,000(*6)
為替換算調整勘定	—	10,560	35,200(*4)	16,290	89,500(*7)
合計	350,000		396,000(*5)		462,500(*8)
持分	105,000				
評価差額	3,600				
為替換算調整勘定	—	360	360	540	900
取得持分	108,600				
取得原価	113,600				
CR換算前のれん (外貨建のれん償却額)	5,000	△1,060(*9) (△10千ドル)	3,940	△1,200(*12) (△10千ドル)	2,740
為替換算調整勘定	—	460(*11)	460(*11)	550	1,010(*14)
のれん (外貨建のれん)	5,000 (50千ドル)		4,400(*10) (40千ドル)		3,750(*13) (30千ドル)

(*1) 3,000千ドル×株式取得時レート100円／ドル＝300,000

(*2) 500千ドル×株式取得時レート100円／ドル＝50,000

(*3) 50,000(*2)＋150千ドル×前期ＡＲ106円／ドル
－50千ドル×配当時レート102円／ドル＝60,800

(*4) 396,000(*5)－(資本金300,000(*1)＋利益剰余金60,800(*3))＝35,200

(*5) Ａ社資本合計(3,000千ドル＋600千ドル)

×前期ＣＲ110円／ドル＝396,000

(*6) 60,800(*3)＋200千ドル×当期ＡＲ120円／ドル

－100千ドル×配当時レート118円／ドル＝73,000

(*7) 462,500(*8)－(資本金300,000(*1)＋利益剰余金73,000(*6))＝89,500

(*8) Ａ社資本合計(3,000千ドル＋700千ドル)

×当期ＣＲ125円／ドル＝462,500

(*9) 外貨建のれん償却額10千ドル×前期ＡＲ106円／ドル＝1,060

(*10)外貨建のれん未償却額40千ドル×前期ＣＲ110円／ドル＝4,400

(*11)4,400(*10)－(5,000－1,060(*9))＝460

(*12)外貨建のれん償却額10千ドル×当期ＡＲ120円／ドル＝1,200

(*13)外貨建のれん未償却額30千ドル×前期ＣＲ125円／ドル＝3,750

(*14)3,750(*13)－(5,000－1,060(*9)－1,200(*12))＝1,010

Ⅲ．持分法適用仕訳

1．開始仕訳

（借）投資有価証券	13,560	（貸）利益剰余金当期首残高	2,180	(*1)
		為替換算調整勘定当期首残高	11,380	(*2)

(*1) 3,240－1,060＝2,180

(*2) 個別資本に係る分10,560＋評価差額に係る分360

＋のれんに係る分460＝11,380

2．当期純利益の認識

（借）投資有価証券	7,200(*1)	（貸）持分法による投資損益	7,200

(*1) 200千ドル×当期ＡＲ120円／ドル×持分比率30％＝7,200

3．のれんの償却

（借）持分法による投資損益	1,200	（貸）投資有価証券	1,200

4．剰余金の配当

（借）受取配当金	3,540	（貸）投資有価証券	3,540(*1)

(*1) 100千ドル×配当時レート118円／ドル×持分比率30％＝3,540

5．為替換算調整勘定の認識

（借）投資有価証券	17,380	（貸）為替換算調整勘定当期変動額	17,380(*1)

(*1) 個別資本に係る分16,290＋評価差額に係る分540

＋のれんに係る分550＝17,380

Ⅳ．解答数値の算定

取得原価113,600＋13,560＋7,200－1,200－3,540＋17,380＝147,000

問題 27　　正解 3

本問のポイント　連結財務諸表（子会社が保有する自己株式）

▼解　説▼　（単位：千円）

Ⅰ．自己株式取得後持分比率の算定

$$\frac{7,600株}{10,000株－取得500株}＝80\%$$

Ⅱ．自己株式処分後持分比率の算定

$$\frac{7,600株}{10,000株－取得500株＋処分500株}＝76\%$$

Ⅲ. タイム・テーブル

	×7 3/31	76%	×8 3/31	80%	×9 3/31
	+76%(*1)		+4%(*4)		△4%(*8)
資本金	400,000		400,000		400,000
資本剰余金	50,000		50,000	― +10,000 →	60,000
利益剰余金	50,000	33,440 → 10,560	94,000	20,800 → 5,200	120,000
自己株式	―	― △30,000 →	△30,000	― +30,000 →	0
評価差額	6,000(*2)		6,000(*2)		6,000(*2)
合計	506,000		520,000		586,000
取得持分	384,560	△22,800(*3)	20,800(*5)	32,000(*7)	−23,440(*9)
取得原価	387,560	△22,800(*3)	22,800(*6)	32,000(*7)	−32,000(*10)
資本剰余金	0		△2,000		8,560
のれん	3,000	△300	2,700	△300	2,400

(*1) $\frac{7,600\text{株}}{10,000\text{株}}=76\%$

(*2) (時価110,000−簿価100,000)×(1−実効税率40%)=6,000

(*3) 自己株式30,000×自己株式取得前AA社持分比率76%(*1)=22,800

(*4) 自己株式取得後AA社持分比率80%−76%(*1)=4%

(*5) T/T 資本合計520,000×AA社持分増加比率4%(*4)=20,800

(*6) 22,800(*3)−実際取得額0=22,800

(*7) 自己株式の処分の対価40,000×自己株式処分前AA社持分比率80%
=32,000

(*8) 自己株式処分後AA社持分比率76%
−自己株式処分前AA社持分比率80%=△4%

(*9) T/T 資本合計586,000×AA社持分減少比率4%(*8)=23,440

(*10) 32,000(*7)−実際売却額0=32,000

Ⅳ．連結修正仕訳（解答上，必要な仕訳のみ示す）

1．みなし割当

（借）	資本剰余金当期変動額 （自己株式の処分）	10,000(*1)	（貸）	関係会社株式	32,000(*2)
				非支配株主持分当期変動額	8,000(*3)
	自己株式当期変動額 （自己株式の処分）	30,000			

(*1) 自己株式処分の対価40,000－帳簿価額30,000＝10,000

(*2) 自己株式処分の対価40,000

×自己株式処分前ＡＡ社持分比率80％＝32,000

(*3) 自己株式処分の対価40,000

×自己株式処分前非支配株主持分比率20％＝8,000

2．みなし売却

（借）	関係会社株式	32,000(*4)	（貸）	非支配株主持分当期変動額	23,440(*5)
				資本剰余金当期変動額 （連結子会社の自己株式の処分による持分の増減）	8,560(*6)

(*4) 32,000(*2)－実際払込額０＝32,000

(*5) 自己株式処分後ＢＢ社資本勘定586,000

×ＡＡ社持分減少比率４％＝23,440

(*6) 32,000(*4)－23,440(*5)＝8,560

3．自己株式の処分に係る連結修正仕訳（1．＋2．）

（借）	資本剰余金当期変動額 （自己株式の処分）	10,000(*1)	（貸）	非支配株主持分当期変動額	31,440(*7)
				資本剰余金当期変動額 （連結子会社の自己株式の処分による持分の増減）	8,560(*6)
	自己株式当期変動額 （自己株式の処分）	30,000			

(*7) 8,000(*3)＋23,440(*5)＝31,440

Ⅴ．解答数値の算定

ＡＡ社200,000－ＢＢ社自己株式の取得2,000

＋ＢＢ社自己株式の処分8,560＝206,560

MEMO

正解 5

本問のポイント 連結財務諸表（持分法から連結への移行）

▼解　説▼　（単位：千円）

Ⅰ．評価差額の計上

（借）諸　資　産	2,000(*1)	（貸）諸　負　債	500(*2)
		評　価　差　額	1,500

(*1) (時価29,000－簿価27,000)＝2,000

(*2) (時価12,500－簿価12,000)＝500

Ⅱ．タイム・テーブル

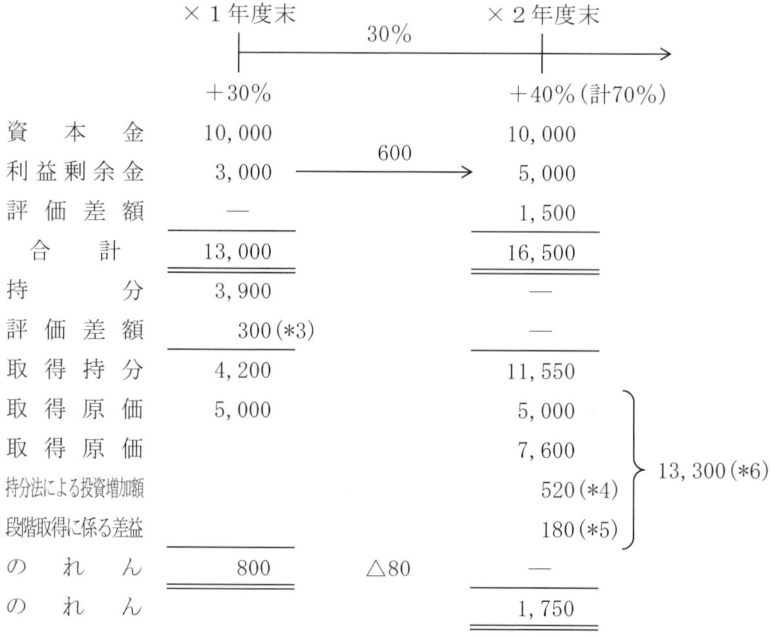

	×1年度末	30%	×2年度末	
	＋30%		＋40%(計70%)	
資本金	10,000		10,000	
利益剰余金	3,000	600 →	5,000	
評価差額	—		1,500	
合計	13,000		16,500	
持分	3,900		—	
評価差額	300(*3)		—	
取得持分	4,200		11,550	
取得原価	5,000		5,000	13,300(*6)
取得原価			7,600	
持分法による投資増加額			520(*4)	
段階取得に係る差益			180(*5)	
のれん	800	△80	—	
のれん			1,750	

(*3) {諸資産(時価22,000－簿価20,000)－諸負債(時価8,000－簿価7,000)}

×投資会社持分比率30%＝300

(*4) 投資後利益剰余金のうち投資会社帰属分600－のれん償却額80＝520

(*5) 支配獲得時時価5,700－(5,000＋持分法による投資増加額520(*4))＝180

又は，連結上の取得原価13,300－持分法上の簿価13,120(*7)＝180

(*6) 5,700＋7,600＝連結上の取得原価13,300　又は，

持分法上の簿価13,120(*7)＋段階取得に係る差益180(*5)

＝連結上の取得原価13,300

(*7) 個別上の取得原価(5,000＋7,600)＋持分法による投資増加額520(*4)

＝持分法上の簿価13,120

Ⅲ．持分法適用仕訳

1．開始仕訳

仕　訳　な　し

2．当期純利益の認識

(借) 投資有価証券	600(*9)	(貸) 持分法による投資損益	600

(*9) (×2年度末利益剰余金5,000－×1年度末利益剰余金3,000)

×投資会社持分比率30%＝600

3．のれんの償却

(借) 持分法による投資損益	80(*10)	(貸) 投資有価証券	80

(*10) 800÷10年＝80

Ⅳ．連結修正仕訳（持分法から連結への移行及び投資と資本の相殺消去）

1．持分法から連結への移行及びＹ社株式の評価替え

(借)	関係会社株式	520	(貸)	投資有価証券	520(*5)
(借)	関係会社株式	180	(貸)	段階取得に係る差益	180(*6)

2．連結上の取得原価による投資と資本の相殺消去

(借)	資本金	10,000	(貸)	関係会社株式	13,300(*7)
	利益剰余金	5,000		非支配株主持分	4,950(*11)
	評価差額	1,500			
	のれん	1,750(*12)			

(*11) T/T 資本合計16,500×非支配株主持分比率30％＝4,950

(*12) 連結上の取得原価13,300(*7)－取得持分11,550(*13)＝1,750

(*13) T/T 資本合計16,500×投資会社持分比率70％＝11,550

Ⅴ．解答数値の算定

資産総額：Ｘ社65,300＋Ｙ社27,000＋時価評価2,000
－関係会社株式12,600＋のれん1,750＝83,450

利益剰余金：Ｘ社15,500＋投資後利益剰余金600
－のれん償却額80＋段階取得に係る差益180＝16,200

正解　5

本問のポイント　連結キャッシュ・フロー計算書（原則法）

▼解　説▼　（単位：千円）

I．連結キャッシュ・フロー計算書作成のための修正仕訳等

1．未達取引

(1) 取引の分析

対S社売掛金（P　社）

期　首	33,000	減　少	295,500
期首決済未達	∴△1,500	期首決済未達	△1,500
	31,500	期末決済未達	＋2,500
			296,500
増　加	300,000	期　末	37,500
		期末決済未達	∴△2,500
			35,000

対P社買掛金（S　社）

減　少	296,500	期　首	31,000
		期首商品未達	＋　500
			31,500
期　末	33,800	増　加	299,300
期末商品未達	＋1,200	期首商品未達	△　500
	35,000	期末商品未達	＋1,200
			300,000

(2) 期首未達

(借)		(貸)	
営　業　収　入	1,500	現金及び現金同等物の期首残高	1,500

(3) 期末未達

(借)		(貸)	
現金及び現金同等物 (現金及び現金同等物の期末残高)	2,500	営　業　収　入	2,500

２．営業収入と仕入支出の相殺消去

(借) 営業収入	296,500	(貸) 商品の仕入れによる支出	296,500(*1)

(*1) 対Ｐ社買掛金当期減少額

３．配当金の受取額と支払額の相殺消去

(1) Ｓ　社

(借) 利息及び配当金の受取額	6,000(*1)	(貸) 配当金の支払額	7,500
非支配株主への配当金の支払額	1,500(*2)		

(*1) 7,500×Ｐ社持分比率80％＝6,000

(*2) 7,500×非支配株主持分比率20％＝1,500

(2) Ｙ　社

(借) 利息及び配当金の受取額	2,100(*1)	(貸) 配当金の支払額	3,500
非支配株主への配当金の支払額	1,400(*2)		

(*1) 3,500×Ｐ社持分比率60％＝2,100

(*2) 3,500×非支配株主持分比率40％＝1,400

４．Ｙ社株式の売却による連結除外

(借) 子会社株式の売却による収入	205,000	(貸) 連結範囲変更を伴う子会社株式売却収入	166,000(*1)
		現金及び現金同等物 (現金及び現金同等物の期末残高)	39,000

(*1) Ｙ社株式の売却による収入205,000

－Ｙ社保有現金及び現金同等物の期末残高39,000＝166,000

Ⅱ．連結キャッシュ・フロー計算書（直接法）

連結キャッシュ・フロー計算書

Ⅰ	営業活動によるキャッシュ・フロー		
	営業収入		1,404,500(*1)
	商品の仕入れによる支出	△	933,500(*2)
	人件費の支出	△	49,000
	その他の営業支出	△	206,000
	小計		216,000
	利息及び配当金の受取額		700(*3)
	利息の支払額	△	5,300
	法人税等の支払額	△	84,500
	営業活動によるキャッシュ・フロー	**(A)**	**126,900**
Ⅱ	投資活動によるキャッシュ・フロー		
	連結の範囲の変更を伴う子会社株式の売却による収入		166,000
	投資活動によるキャッシュ・フロー		166,000
Ⅲ	財務活動によるキャッシュ・フロー		
	配当金の支払額	△	12,000(*4)
	非支配株主への配当金の支払額	△	2,900
	財務活動によるキャッシュ・フロー	△	14,900
Ⅳ	現金及び現金同等物の増加額		278,000
Ⅴ	現金及び現金同等物の期首残高		217,300(*5)
Ⅵ	**現金及び現金同等物の期末残高**	**(B)**	**495,300**(*6)

(*1)　P社800,000＋S社600,000＋Y社300,000－1,500＋2,500－296,500
＝1,404,500

(*2)　P社560,000＋S社450,000＋Y社220,000－296,500＝933,500

(*3)　P社8,800－6,000－2,100＝700

(*4)　P社12,000＋S社7,500＋Y社3,500－7,500－3,500＝12,000

(*5)　P社105,300＋S社78,000＋Y社32,500＋期首決済未達1,500＝217,300

(*6)　P社393,300＋S社99,500＋Y社39,000
＋期末決済未達2,500－連結除外39,000＝495,300

(注) Y社株式を期末に売却し，Y社を連結から除外した場合，Y社のC/S は合算する。

正解 4

本問のポイント　連結キャッシュ・フロー計算書（簡便法・間接法）

▼解　説▼　（単位：千円）

Ⅰ．連結C/S（営業活動によるキャッシュ・フローまで）

連結キャッシュ・フロー計算書

自×1年4月1日　至×2年3月31日

Ⅰ　営業活動によるキャッシュ・フロー		
税金等調整前当期純利益	∴ 302,000	
減価償却費	69,000	(*1)
のれん償却額	2,000	(*2)
貸倒引当金の増加額	1,080	(*3)
受取利息及び受取配当金	△　16,500	(*4)
支払利息	9,800	(*4)
持分法による投資利益	△　3,500	(*5)
売上債権の増加額	△　54,000	(*6)
棚卸資産の減少額	3,600	(*7)
仕入債務の減少額	△　13,280	(*8)
小計	300,200	
利息及び配当金の受取額	16,500	(*4)
利息の支払額	△　10,070	(*9)
法人税等の支払額	△ 135,000	(*10)
営業活動によるキャッシュ・フロー	171,630	

(*1) 有形固定資産(前期連結B/S 896,000－当期連結B/S 827,000)＝69,000

(*2) のれん(前期連結B/S 28,000－当期連結B/S 26,000)＝2,000

(*3) 当期連結B/S 受取手形及び売掛金270,480× $\frac{0.02}{1-0.02}$

－前期連結B/S 受取手形及び売掛金217,560× $\frac{0.02}{1-0.02}$ ＝1,080

(*4) 連結P/L

(*5) 投資有価証券(当期連結B/S 193,500－前期連結B/S 190,000)＝3,500

(*6) 当期連結B/S 受取手形及び売掛金270,480÷(1－0.02)

－前期連結B/S 受取手形及び売掛金217,560÷(1－0.02)＝54,000

(*7) 棚卸資産(前期連結B/S 102,000－当期連結B/S 98,400)＝3,600

(*8) 支払手形及び買掛金(前期連結B/S 197,800－当期連結B/S 184,520)

＝13,280

(*9) 連結P/L 支払利息9,800－当期連結B/S 未払費用780

＋前期連結B/S 未払費用1,050＝10,070

(*10) 連結P/L 法人税等120,000－当期連結B/S 未払法人税等85,000

＋前期連結B/S 未払法人税等100,000＝135,000

正解　2

本問のポイント　個別財務諸表における税効果会計

▼解　説▼　(単位：千円)

Ⅰ．仕訳処理（解答上，必要な仕訳のみ示す）

1．棚卸資産の評価損

(借)	繰延税金資産	4,960	(貸)	法人税等調整額	4,960(*1)

(*1) 12,400×実効税率40％＝4,960

2．その他有価証券（A社株式，部分純資産直入法）

(1) 前　期

(借)	投資有価証券評価損益	1,500(*1)	(貸)	投資有価証券	1,500
(借)	繰延税金資産	600	(貸)	法人税等調整額	600(*2)

(*1) 15,000－前期末時価13,500＝1,500

(*2) 1,500(*1)×実効税率40％＝600

(2) 当　期

(借)	法人税等調整額	600(*2)	(貸)	繰延税金資産	600
(借)	投資有価証券	500(*3)	(貸)	繰延税金負債	200(*4)
				その他有価証券評価差額金	300

(*3) 当期末時価15,500－15,000＝500

(*4) (当期末時価15,500－15,000)×実効税率40％＝200

3．減価償却費（建物）

(借) 繰延税金資産	160	(貸) 法人税等調整額	160(*1)

(*1)（税務上の簿価196,400(*2)－会計上の簿価196,000(*3)）

×実効税率40％＝160

(*2) 200,000－3,600(*4)＝196,400

(*3) 200,000－4,000(*5)＝196,000

(*4) 200,000×0.9÷50年＝3,600

(*5) 200,000×0.9÷45年＝4,000

4．特別償却（営業用設備）

(1) 前 期

(借) 法人税等調整額	36,000(*1)	(貸) 繰延税金負債	36,000
(借) 繰越利益剰余金	54,000	(貸) 特別償却準備金	54,000(*2)

(*1) 90,000×実効税率40％＝36,000

(*2) 90,000×（1－実効税率40％）＝54,000

(2) 当 期

(借) 繰延税金負債	7,200(*3)	(貸) 法人税等調整額	7,200
(借) 特別償却準備金	10,800(*4)	(貸) 繰越利益剰余金	10,800

(*3) 36,000(*1)÷5年＝7,200

(*4) 54,000(*2)÷5年＝10,800

5．圧縮記帳（備品）

(1) 前　期

(借)	法人税等調整額	12,000(*1)	(貸)	繰延税金負債	12,000
(借)	繰越利益剰余金	18,000	(貸)	固定資産圧縮積立金	18,000(*2)

(*1) 30,000×実効税率40％＝12,000

(*2) 30,000×（1－実効税率40％）＝18,000

(2) 当　期

(借)	繰延税金負債	1,800	(貸)	法人税等調整額	1,800(*3)
(借)	固定資産圧縮積立金	2,700(*4)	(貸)	繰越利益剰余金	2,700

(*3) 期首繰延税金負債12,000(*1)－期末繰延税金負債10,200(*5)＝1,800
又は，12,000(*1)×0.9÷6年＝1,800

(*4) 固定資産圧縮積立金18,000(*2)×0.9÷6年＝2,700

(*5)（会計上の簿価42,500(*6)－税務上の簿価17,000(*7)）
×実効税率40％＝10,200

(*6) 50,000－7,500(*8)＝42,500

(*7) 20,000(*9)－3,000(*10)＝17,000

(*8) 50,000×0.9÷6年＝7,500

(*9) 50,000－圧縮額30,000＝20,000

(*10) 20,000(*9)×0.9÷6年＝3,000

6．退職給付引当金

（借）繰延税金資産	4,800	（貸）法人税等調整額	4,800(*1)

(*1) 期末繰延税金資産28,800(*2)－期首繰延税金資産24,000(*3)＝4,800

(*2) 当期末退職給付引当金72,000×実効税率40％＝28,800

(*3) 前期末退職給付引当金60,000×実効税率40％＝24,000

7．交際費（永久差異）

仕　訳　な　し

(注) 損金不算入の交際費は永久差異に該当するため，税効果会計の対象にはならない。

8．未払事業税

（借）法人税等調整額	360(*1)	（貸）繰延税金資産	360

(*1) 期首繰延税金資産960(*2)－期末繰延税金資産600(*3)＝360

(*2) 前期事業税2,400×実効税率40％＝960

(*3) 当期事業税1,500×実効税率40％＝600

Ⅱ．解答数値の算定

法人税等調整額：貸方(4,960＋160＋7,200＋1,800＋4,800)

－借方(600＋360)＝貸方17,960

問題32

正解 2

本問のポイント 個別財務諸表における税効果会計

▼解　説▼　（単位：千円）

Ⅰ．法人税等調整額の計算

1．一時差異集計表（純資産の部に直接計上される評価差額は除く）

		前期末	当期末
将来減算一時差異	貸倒引当金超過額	500	300
	減価償却超過額	100	200
	棚卸資産評価損	3,000	4,500
	未払事業税	600	900
	合計	4,200	5,900
法定実効税率		40%	40%
繰延税金資産		1,680	2,360
将来加算一時差異	特別償却準備金	—	4,800
	合計	—	4,800
法定実効税率		40%	40%
繰延税金負債		—	1,920

2．税効果会計適用仕訳

(1) 法人税等調整額の計上

(借) 繰延税金資産	680(*1)	(貸) 繰延税金負債	1,920(*2)
法人税等調整額	1,240(*3)		

(*1) 当期末2,360－前期末1,680＝680

(*2) 当期末1,920－前期末０＝1,920

(*3) 貸借差額

(注) 法人税等調整額の算定に当たり，純資産の部に直接計上される評価差額は含まない。

(2) 純資産の部に直接計上される評価差額

(借) 投資有価証券	3,500(*4)	(貸) 繰延税金負債	1,400(*5)
		その他有価証券評価差額金	2,100

(*4) 将来加算一時差異・その他有価証券評価差額の当期末より

(*5) 3,500(*4)×実効税率40％＝1,400

Ⅱ．繰延税金資産と繰延税金負債の相殺

(借) 繰延税金負債	2,360	(貸) 繰延税金資産	2,360(*6)

(*6)

繰延税金資産			繰延税金負債
Ⅰ．に係る繰延税金資産 2,360	2,360(*6)	3,320	Ⅰ．に係る繰延税金負債 1,920
			その他有価証券評価差額 1,400(*5)

Ⅲ．解答数値の算定

法人税等調整額1,240(*3)＋繰延税金負債(3,320－2,360(*6))＝2,200

XI 税効果会計

問題33　正解　3

本問のポイント　1株当たり情報

▼解　説▼　(単位：千円)

Ⅰ．解答数値の算定

1．当期純利益調整額

社債利息6,400(*1)×(１－実効税率40%)＝3,840

(*1) 額面800,000×権利未行使分(１－20%)×年利率１％＝6,400

2．期中平均株式数の算定

$$10{,}000\text{千株}+200\text{千株}(*2)\times\frac{146\text{日}(*3)}{365\text{日}}-100\text{千株}\times\frac{73\text{日}(*4)}{365\text{日}}=10{,}060\text{千株}$$

(*2) 額面800,000÷転換価格@800円×権利行使分20%＝200千株

(*3) ×２年11月６日から×３年３月31日までの日数

(*4) ×３年１月18日から×３年３月31日までの日数

3．普通株式増加数の算定

$$800\text{千株}(*5)+200\text{千株}(*2)\times\frac{219\text{日}(*6)}{365\text{日}}=920\text{千株}$$

(*5) 額面800,000÷転換価格@800円×権利未行使分(１－20%)＝800千株

(*6) ×２年４月１日から×２年11月５日までの日数

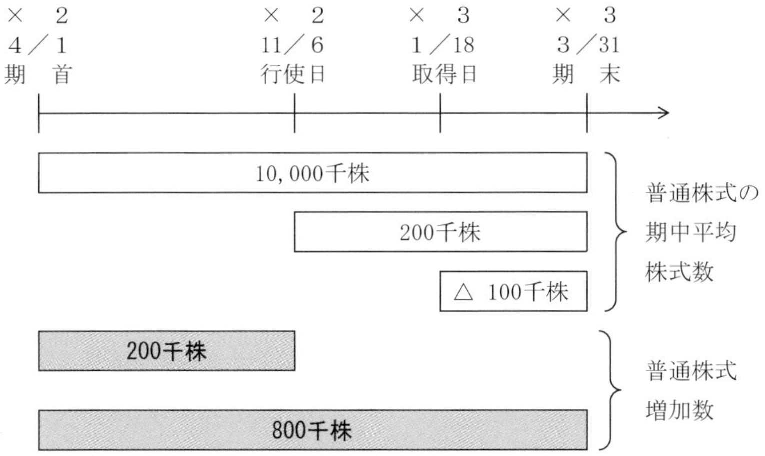

4．潜在株式調整後１株当たり当期純利益の算定

（当期純利益150,000＋当期純利益調整額3,840）

÷（期中平均株式数10,060千株＋普通株式増加数920千株）

＝14.010… → 14.01円（四捨五入）

問題 34　正解 6

本問のポイント　潜在株式調整後1株当たり当期純利益

▼解　説▼　（単位：円）

Ⅰ．解答数値の算定

1．期中平均株式数の算定

$$60,000,000株+4,000,000株\times\frac{112日(*1)}{365日}=61,227,397.260\cdots株$$

→ 61,227,397株（四捨五入）

(*1) ×1年12月10日から×2年3月31日までの日数

2．普通株式増加数の算定

$$1,200,000株(*2)\times\frac{365日(*3)}{365日}+923,077株(*4)\times\frac{253日(*5)}{365日}$$

=1,839,831.454…株 → 1,839,831株（四捨五入）

(*2) 未行使新株予約権分6,000,000株－4,800,000株(*6)＝1,200,000株

(*3) ×1年4月1日から×2年3月31日までの日数

(*4) 行使済新株予約権分4,000,000株－3,076,923株(*7)＝923,077株

(*5) ×1年4月1日から×1年12月9日までの日数

(*6) @400×6,000,000株÷平均株価@500＝4,800,000株

(*7) @400×4,000,000株÷平均株価@520＝3,076,923.076…株

→ 3,076,923株（四捨五入）

（単位：日数は日、その他は株）

	行使時の普通株式増加数	平均株価による買受株式数	差　引	日　数	普通株式増加数
未行使新株予約権	6,000,000	4,800,000 (*6)	1,200,000 (*2)	365 (*3)	1,200,000
行使済新株予約権	4,000,000	3,076,923 (*7)	923,077 (*4)	253 (*5)	639,831
合　計	10,000,000	—	—	—	1,839,831

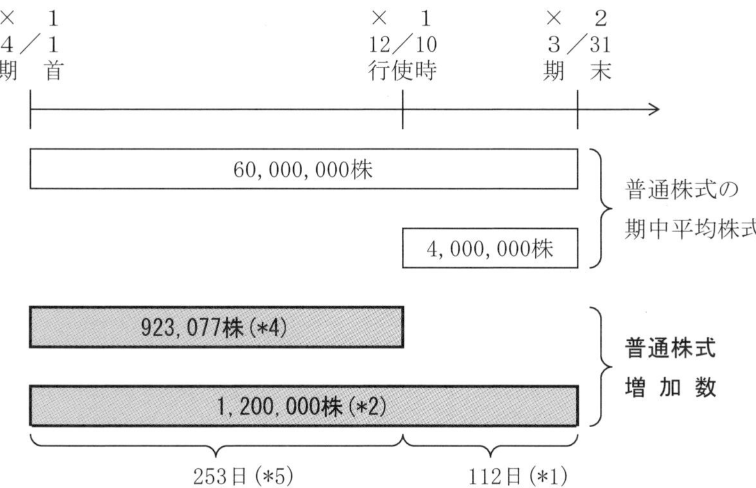

3．潜在株式調整後1株当たり当期純利益の算定

当期純利益1,300,000,000

÷(期中平均株式数61,227,397株＋普通株式増加数1,839,831株)

＝20.612… → 20.61（四捨五入）

（注）当期純利益の金額を用いるため，普通株式に配当される 500百万円については，特に考慮する必要がない点に注意すること。

XII 1株当たり情報

正解 **3**

本問のポイント　減損会計

▼解　説▼　（単位：千円）

Ⅰ．減損損失の測定

1．減損損失の認識の判定

割引前将来キャッシュ・フロー468,403(*1)　＜　帳簿価額600,000(*2)

→ 減損損失を認識する

(*1)　120,000＋110,000＋100,000＋138,403＝468,403

(*2)　建物440,000(*3)＋備品160,000(*4)＝600,000

(*3)　取得原価800,000－減価償却累計額360,000＝440,000

(*4)　取得原価400,000－減価償却累計額240,000＝160,000

2．使用価値

$$\frac{120,000}{1+0.05}+\frac{110,000}{(1+0.05)^2}+\frac{100,000+138,403}{(1+0.05)^3}=420,000.431\cdots$$

→　420,000（四捨五入）

3．正味売却価額

390,000

4．回収可能価額

使用価値420,000　＞　正味売却価額390,000　→　∴　420,000

5．減損損失

帳簿価額600,000(*2)－回収可能価額420,000＝180,000

Ⅱ．減損損失の各資産への配分

(借) 減　損　損　失	180,000	(貸) 建　　　物	132,000(*5)
		備　　　品	48,000(*6)

(*5) $180,000 \times \dfrac{440,000(*3)}{600,000(*2)} = 132,000$

(*6) $180,000 \times \dfrac{160,000(*4)}{600,000(*2)} = 48,000$

Ⅲ．解答数値の算定

減損処理前帳簿価額440,000(*3)－減損損失132,000(*5)＝308,000

問題 36　　正解 2

本問のポイント　減損会計（共用資産）

▼解　説▼　（単位：千円）

Ⅰ．減損損失の認識の判定及び測定並びに各資産グループへの配分

	資産グループA	資産グループB	資産グループC	共用資産	より大きな単位
減損の兆候	なし	あり	あり	あり	—
帳簿価額合計	200,000	400,000	1,000,000	50,000	1,650,000
割引前将来キャッシュ・フロー		440,000	950,000		1,550,000
減損損失の認識		しない	する		する
回収可能価額			800,000 (*1)		1,320,000
減損損失			△200,000		△330,000
各資産グループごとの減損処理後帳簿価額	200,000	400,000	800,000	50,000	
共用資産を加えることによる減損損失増加額					△130,000 (*2)
減損損失増加額の配分				△34,000 (*3)	34,000 (*3)
減損損失超過額の配分	△ 32,000 (*5)	△ 64,000 (*6)			96,000 (*4)
減損処理後帳簿価額	168,000	336,000	800,000	16,000	1,320,000

(*1) 使用価値800,000 ＞ 正味売却価額500,000 → ∴ 回収可能価額800,000

(*2) より大きな単位での減損損失330,000

　　－資産グループCに係る減損損失200,000＝130,000

(*3) 帳簿価額50,000－正味売却価額16,000＝34,000

(*4) 130,000(*2)－34,000(*3)＝96,000

(*5) $96,000(*4) \times \frac{200,000}{200,000+400,000} = 32,000$

(*6) $96,000(*4) \times \frac{400,000}{200,000+400,000} = 64,000$

Ⅱ．減損損失の各資産への配分

(借) 減損損失	330,000	(貸) 建物	154,000(*7)
		機械	32,800(*8)
		土地	143,200(*9)

(*7)～(*9)

	資産グループA	資産グループB	資産グループC	共用資産	合計
帳簿価額合計	200,000	400,000	1,000,000	50,000	1,650,000
減損損失	△32,000 (*5)	△64,000 (*6)	△200,000	△ 34,000 (*3)	△330,000
配分比率	0.16	0.16	0.2	—	—
建物への配分	△16,000	△24,000	△ 80,000	△ 34,000	△154,000 (*7)
機械への配分	△ 4,800	△ 8,000	△ 20,000	—	△32,800 (*8)
土地への配分	△11,200	△32,000	△100,000	—	△143,200 (*9)

Ⅲ．解答数値の算定

減損処理前帳簿価額2,000,000－減損損失154,000(*7)＝1,846,000

問題 37　　正解 5

本問のポイント　デリバティブ

▼解　説▼　(単位：千円)

I．仕訳処理

1．商品先物取引

(1) ×5年2月27日

① デリバティブ取引の認識

仕　訳　な　し

(注) 先物取引開始時においてはデリバティブ取引として認識すべき額がゼロであるから，商品先物取引自体の仕訳は行わない。

② 先物取引証拠金の支払

(借) 先物取引証拠金	2,000	(貸) 現金預金	2,000

(2) ×5年3月31日 (決算日)

(借) 先物取引	30,000	(貸) 先物取引損益	30,000(*1)

(*1) (@1,360－@1,330)×1,000個＝正味の債権の時価30,000

2．オプション取引

(1) ×4年12月1日

(借) オプション	600(*1)	(貸) 現金預金	600

(*1) 1.2円／ドル×500千ドル＝600

(2) ×5年2月28日 (権利行使日)

(借) 現金預金	2,000(*2)	(貸) オプション	600(*1)
		オプション損益	1,400

(*2) 500千ドル×(権利行使価格111円／ドル－107円／ドル)＝2,000

3．スワップ取引

(1) ×4年4月1日（借入及びスワップ契約締結時）

① 借入金に係る仕訳

(借) 現金預金	150,000	(貸) 長期借入金	150,000

② スワップ取引に係る仕訳

仕訳なし

(2) ×5年3月31日（利払日）

① 借入金に係る仕訳（銀行に対する変動金利の支払）

(借) 支払利息	4,950(*1)	(貸) 現金預金	4,950

(*1) 150,000×変動金利3.3％＝4,950

② スワップ取引に係る仕訳

i 利息の受払に係る仕訳

(借) 現金預金	450(*2)	(貸) 支払利息	450

(*2) 4,950(*1)－4,500(*3)＝450

(*3) 150,000×固定金利３％＝4,500

ii スワップ取引から生じた正味の債権の時価評価

(借) 金利スワップ	420	(貸) 金利スワップ評価損益	420

Ⅱ．解答数値の算定

商品先物取引30,000＋オプション取引1,400

＋スワップ取引(－4,950＋450＋420)＝27,320

正解 4

本問のポイント　ヘッジ会計

▼解　説▼　(単位：千円)

Ⅰ．繰延ヘッジを採用している場合

1．×2年5月27日

(借) 投資有価証券	10,400(*1)	(貸) 現金預金	10,400

(*1) 取得原価@104円×100千口＝10,400

2．×2年12月31日（決算日）

(1) 現物国債に係る仕訳

(借) 投資有価証券	800	(貸) その他有価証券評価差額金	800(*2)

(*2) (決算日時価@112円－取得原価@104円)×100千口＝800

(2) 債券先物に係る仕訳

(借) 繰延ヘッジ損益(注)	600(*3)	(貸) 先物取引	600

(*3) (決算日の先物価格@121円－売建取引時の先物価格@115円)×100千口＝600

(注) 繰延ヘッジにおいては，ヘッジ対象（現物国債）に係る損益が認識されるまで，ヘッジ手段（先物取引）に係る損益を繰り延べる。

◎　×2年度の損益に与える影響：0 ← **アは正しい**

3．×3年1月1日（期　首 ＝ 洗替処理）

(1) 現物国債に係る仕訳

(借) その他有価証券評価差額金	800(*2)	(貸) 投資有価証券	800

(2) 債券先物に係る仕訳

(借) 先物取引	600	(貸) 繰延ヘッジ損益	600(*3)

4．×3年1月18日（売却日）

(1) 現物国債に係る仕訳

(借) 現金預金	11,700(*4)	(貸) 投資有価証券	10,400(*1)
		投資有価証券売却損益	1,300(*5)

(*4) 売却日時価@117円×100千口＝11,700

(*5)（売却日時価@117円－取得原価@104円）×100千口＝1,300

(2) 債券先物に係る仕訳

(借) 先物取引損益 (投資有価証券売却損益)	1,000(*6)	(貸) 現金預金	1,000

(*6)（決済時の先物価格@125円－売建時の先物価格@115円）×100千口
＝1,000

◎　×3年度の損益に与える影響：1,300(*5)－1,000(*6)＝300

← イは誤り

Ⅱ．時価ヘッジを採用している場合

1．×２年５月27日

(借) 投資有価証券	10,400(*1)	(貸) 現金預金	10,400

2．×２年12月31日（決算日）

(1) 現物国債に係る仕訳

(借) 投資有価証券	800	(貸) 投資有価証券評価損益(注)	800(*2)

(注) 時価ヘッジにおいては，ヘッジ対象の評価差額を損益として認識することで，ヘッジ手段に係る損益と同一の会計期間に認識する。

(2) 債券先物に係る仕訳

(借) 先物取引損益 (投資有価証券評価損益)	600(*3)	(貸) 先物取引	600

◎ ×２年度の損益に与える影響：800(*2)－600(*3)＝200 ← **ウは正しい**

3．×３年１月１日（期首 ＝ 洗替処理）

(1) 現物国債に係る仕訳

(借) 投資有価証券評価損益	800(*2)	(貸) 投資有価証券	800

(2) 債券先物に係る仕訳

(借) 先物取引	600	(貸) 先物取引損益 (投資有価証券評価損益)	600(*3)

4．×3年1月18日（売却日）

(1) 現物国債に係る仕訳

(借)	現金預金	11,700(*4)	(貸)	投資有価証券	10,400(*1)
				投資有価証券売却損益	1,300(*5)

(2) 債券先物に係る仕訳

(借)	先物取引損益 (投資有価証券売却損益)	1,000(*6)	(貸)	現金預金	1,000

◎ ×3年度の損益に与える影響：(1,300(*5)－1,000(*6))

－(800(*2)－600(*3))＝100 ← **エは正しい**

よって，正しい選択肢はアウエである。

問題39　正解 1

本問のポイント　ストック・オプション

▼解　説▼　(単位：円)

Ⅰ．仕訳処理（×６年度決算整理）

(借) 株式報酬費用 29,287,500(*1)	(貸) 新株予約権 29,287,500

(*1) ×６年度B/S における新株予約権51,450,000(*2)
－×５年度B/S における新株予約権22,162,500(*3)＝29,287,500

(*2) ＠3,000×(20,000個－400個)×$\frac{21ヶ月(×5.7〜×7.3)}{24ヶ月(×5.7〜×7.6)}$＝51,450,000

(*3) ＠3,000×(20,000個－300個)×$\frac{9ヶ月(×5.7〜×6.3)}{24ヶ月(×5.7〜×7.6)}$＝22,162,500

問題40　正解 3

本問のポイント　ストック・オプション（条件変更）

▼解　説▼　（単位：円）

Ⅰ．仕訳処理

1．×2年3月31日（前期決算日）

（借）	株式報酬費用	1,631,250(*1)	（貸）	新株予約権	1,631,250

(*1)　$@3,000 \times 50\text{個} \times (30\text{人} - 1\text{人}) \times \dfrac{9\text{ヶ月}(\times1.7\sim\times2.3)}{24\text{ヶ月}(\times1.7\sim\times3.6)} = 1,631,250$

2．×3年3月31日（当期決算日）

（借）	**株式報酬費用**	**2,621,250**(*2)	（貸）	新株予約権	2,621,250

(*2)　付与分1,912,500(*3)＋条件変更による価値増加分708,750(*4)

＝2,621,250

(*3)　$@3,000 \times 50\text{個} \times (30\text{人} - 3\text{人}) \times \dfrac{21\text{ヶ月}(\times1.7\sim\times3.3)}{24\text{ヶ月}(\times1.7\sim\times3.6)}$

$- 1,631,250(*1) = 1,912,500$

(*4)　$(@3,700 - @3,000) \times 50\text{個} \times (30\text{人} - 3\text{人})$

$\times \dfrac{9\text{ヶ月}(\times2.7\sim\times3.3)}{\text{条件変更後対象勤務期間}12\text{ヶ月}(\times2.7\sim\times3.6)} = 708,750$

問題 41　正解 3

本問のポイント　四半期財務諸表

▼解　説▼　(単位：千円)

Ⅰ．個別財務諸表の空欄推定

1．B　社

(1) 有価証券の減損処理（四半期切放法）

① 第1四半期末

(借)	投資有価証券評価損	60,000(*1)	(貸)	投資有価証券	60,000

(*1) 取得原価100,000×50％＝50,000 ＞ 第1四半期末時価40,000

→ 著しい下落（減損処理）

∴ 取得原価100,000－第1四半期末時価40,000＝60,000

② 第2四半期末

四半期切放法を採用している場合，第2四半期の帳簿価額は減損処理を実施した第1四半期末時価の40,000に修正されている。

なお，帳簿価額40,000 ＜ 第2四半期末時価60,000となることから，第2四半期における決算整理で減損処理は行わない。なお，参考として第2四半期末に行われる時価評価の仕訳を示すと以下のとおりとなる。

(借)	投資有価証券	20,000(*2)	(貸)	繰延税金負債	8,000(*3)
				その他有価証券評価差額金	12,000

(*2) 第2四半期末時価60,000－帳簿価額40,000＝20,000

(*3) 20,000(*2)×実効税率40％＝8,000

③　第３四半期末

四半期切放法を採用している場合，第３四半期の帳簿価額は減損処理を実施した第１四半期末時価の40,000に修正されている。

なお，帳簿価額40,000×50％＝20,000 < 第３四半期末時価25,000となることから，第３四半期における決算整理で減損処理は行わない。なお，参考として第３四半期末に行われる時価評価の仕訳を示すと以下のとおりとなる。

(借)	繰延税金資産	6,000(*5)	(貸)	投資有価証券	15,000(*4)
	その他有価証券評価差額金	9,000			

(*4) 帳簿価額40,000－第３四半期末時価25,000＝15,000

(*5) 15,000(*4)×実効税率40％＝6,000

◎　第３四半期累計期間損益計算書に計上される投資有価証券評価損の金額

第１四半期計上分：60,000(*1)

(2) 税金費用

(借)	法人税，住民税及び事業税	2,914,800(*6)	(貸)	未払法人税等	2,914,800

(*6) 税引前四半期純利益6,940,000(*7)×年間見積実効税率42％(*8)
＝2,914,800

(*7) 売上高30,000,000－売上原価18,000,000
－販売費及び一般管理費5,000,000
－投資有価証券評価損60,000(*1)＝6,940,000

(*8) 予想年間税金費用3,780,000(*9)÷予想年間税引前当期純利益9,000,000
＝42％

(*9) (予想年間税引前当期純利益9,000,000＋永久差異450,000)
×実効税率40％＝3,780,000

(注) 四半期会計期間を含む年度の税引前当期純利益に対する税効果会計適用後の実効税率を合理的に見積り，税引前四半期純利益に当該見積実効税率を乗じて計算することができる。

2．C　社（税金費用）

(借) 法人税，住民税及び事業税　21,500(*10) (貸) 未払法人税等　21,500

(*10)税引前四半期純利益50,000×43%(*11)＝21,500

(*11)前年度P/L における税金費用25,800(*12)

÷前年度P/L 税引前当期純利益60,000＝43%

(*12)前年度P/L 法人税，住民税及び事業税28,200

－前年度P/L 法人税等調整額2,400＝25,800

(注) 連結財務諸表における重要性が乏しい連結会社において，重要な企業結合や事業分離，業績の著しい好転又は悪化及びその他の経営環境に著しい変化が生じておらず，かつ，四半期財務諸表上の一時差異等の発生状況について，前年度末から大幅な変動がない場合には，四半期財務諸表における税金費用の計算にあたり，税引前四半期純利益に前年度の損益計算書における税効果会計適用後の法人税等の負担率を乗じて計算する方法によることができる。

3．個別損益計算書

第3四半期累計期間損益計算書（×1年4月1日～×1年12月31日）

科目	A社	B社	C社
売上高	90,000,000	30,000,000	3,000,000
売上原価	△81,000,000	△18,000,000	△ 2,400,000
販売費及び一般管理費	△11,000,000	△ 5,000,000	△ 550,000
土地売却益	500,000	—	—
投資有価証券評価損	—	△ 60,000	—
税引前四半期純利益	△ 1,500,000	6,940,000	50,000
法人税，住民税及び事業税	—	△ 2,914,800	△ 21,500
法人税等調整額	—	—	—
四半期純損益	△ 1,500,000	4,025,200	28,500

Ⅱ．解答数値の算定

A社△1,500,000＋B社4,025,200＋C社28,500＝2,553,700

正解　2

本問のポイント　企業結合（共通支配下の取引，親会社と子会社との合併）

▼解　説▼　（単位：千円）

Ⅰ．連結上の処理（×２年３月期連結貸借対照表作成）

１．Ｓ社の土地の時価評価

（借）土　　　地	5,800	（貸）評価差額	5,800(*1)

(*1) 時価14,800－簿価9,000＝5,800

２．タイム・テーブル

	×1 3/31 +80%	80%	×2 3/31
資本金	14,500		14,500
利益剰余金	1,450	10,000 → 2,500	13,950
評価差額	5,800(*1)		5,800(*1)
合計	21,750		34,250
取得持分	17,400		
取得原価	24,600		
のれん	7,200	△ 720	6,480

3．連結貸借対照表作成のための連結修正仕訳

(1) 開始仕訳

(借)	資本金	14,500	(貸) S社株式	24,600
	利益剰余金	1,450	非支配株主持分	4,350(*2)
	評価差額	5,800(*1)		
	のれん	7,200		

(*2) T/T 資本合計21,750×非支配株主持分比率20%＝4,350

(2) 当期純利益の按分

(借)	利益剰余金 (非支配株主に帰属する当期純損益)	2,500(*3)	(貸) 非支配株主持分	2,500

(*3) 12,500×非支配株主持分比率20%＝2,500

(3) のれん償却額

(借)	利益剰余金 (のれん償却額)	720(*4)	(貸) のれん	720

(*4) 7,200÷10年＝720

4．連結貸借対照表

連結貸借対照表

諸資産	489,300	諸負債	179,450
土地	134,800	資本金	145,000
のれん	6,480	資本剰余金	58,000
		利益剰余金	241,280
		非支配株主持分	6,850(*5)
	630,580		630,580

(*5) T/T 資本合計34,250×非支配株主持分比率20%＝6,850

Ⅱ．合　併

1．タイム・テーブル

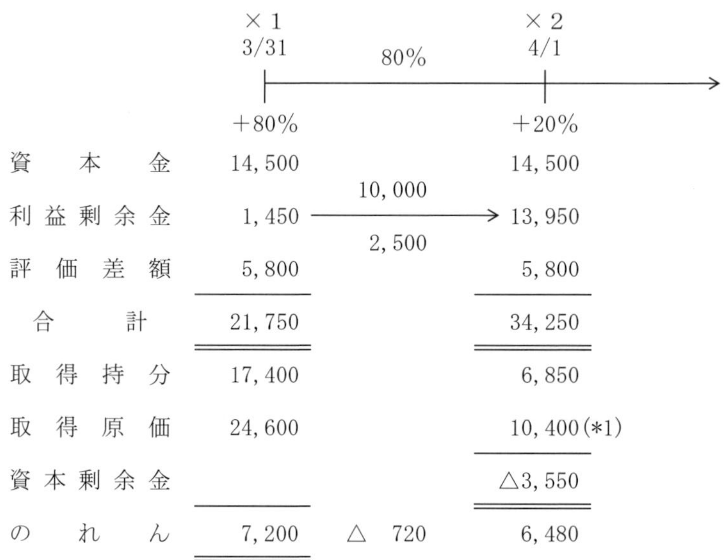

(*1)　@520×20株＝10,400

2．合併仕訳

(1) 親会社持分

(借)	諸　資　産	43,400(*1)	(貸)	諸　負　債	27,840(*3)
	土　　　地	11,840(*2)		S 社 株 式	24,600
	の　れ　ん	6,480(*4)		利益剰余金 (抱合株式消滅差益)	9,280(*5)

(*1)　54,250×P社持分比率80%＝43,400

(*2)　連結上の簿価(支配獲得時の時価)14,800×P社持分比率80%＝11,840

(注)　資本連結にあたり子会社の資産及び負債を時価評価している場合には，親会社の個別上，**時価評価後の金額**により受け入れる。

(*3)　34,800×P社持分比率80%＝27,840

(*4)　連結上の「のれん未償却残高」

(注)　連結上，子会社株式の取得に係る**のれん未償却残高**が計上されている場合には，親会社の個別上も**当該金額をのれんとして引継ぐ**。

(*5)（T/T 資本合計34, 250×Ｐ社持分比率80％

＋のれん未償却残高6, 480（*4））－抱合株式24, 600＝9, 280

又は，支配獲得後利益剰余金Ｐ社持分10, 000－のれん償却額720＝9, 280

（注）親会社持分相当額と親会社が合併直前に保有していた子会社株式（抱合せ株式）の適正な帳簿価額との差額を「**抱合株式消滅差損益**」として**特別損益**に計上する。

(2) 非支配株主持分

（借）諸　　資　　産	10, 850（*6）	（貸）諸　　負　　債	6, 960（*8）
土　　　　　地	2, 960（*7）	資　　本　　金	10, 400（*9）
資　本　剰　余　金	3, 550（*10）		

(*6) 54, 250×非支配株主持分比率20％＝10, 850

(*7) 連結上の簿価（支配獲得時の時価）14, 800

×非支配株主持分比率20％＝2, 960

（注）資本連結にあたり子会社の資産及び負債を時価評価している場合には，親会社の個別上，**時価評価後の金額**により受け入れる。

(*8) 34, 800×非支配株主持分比率20％＝6, 960

(*9) ＠520×20株＝10, 400

(*10)取得の対価10, 400（*9）

－T/T 資本合計34, 250×非支配株主持分比率20％＝3, 550

（注）非支配株主持分相当額と，取得の対価との差額を「**その他資本剰余金**」とする。

(3) 合併仕訳（(1)＋(2)）

(借)			(貸)		
	諸資産	54,250		諸負債	34,800
	土地	14,800		資本金	10,400(*9)
	のれん	6,480(*4)		S社株式	24,600
	資本剰余金	3,550(*10)		利益剰余金 (抱合株式消滅差益)	9,280(*5)

Ⅲ．合併後貸借対照表

貸　借　対　照　表

諸資産	489,300	諸負債	179,450
土地	134,800	資本金	155,400
のれん	6,480	資本剰余金	54,450
		利益剰余金	241,280
	630,580		630,580

問題 43　　正解 2

本問のポイント　事業分離（受取対価が現金等の財産の場合）

▼解　説▼　（単位：千円）

I．甲　社

（借）	現　　　　金	80,500(*1)	（貸）	諸　資　産	69,000(*2)
				移転損益	**11,500**

(*1) 時価

(*2) 甲社におけるX事業の諸資産の適正な帳簿価額による株主資本相当額

(注) 分離元企業が「受け取った現金等の財産」は，原則として「時価」により計上し，「移転した事業に係る資産及び負債の移転直前の適正な帳簿価額による株主資本相当額」との差額は，原則として「移転損益」とする。

II．乙　社

（借）	諸　資　産	73,600(*3)	（貸）	現　　　　金	80,500
	の　れ　ん	**6,900**			

(*3) X事業の諸資産の時価

(注) 取得したX事業に対して，パーチェス法を適用する。したがって，移転した資産及び負債は「時価」により計上する。

問題44　　正解　2

本問のポイント　事業分離（受取対価が現金等の財産と株式の場合）

▼解　説▼　（単位：千円）

Ⅰ．①現金等の移転前に付された適正な帳簿価額が，移転事業に係る株主資本相当額を上回る場合

1．個別上の処理（共通支配下の取引）

(1)　P　社（分離元企業）

(借)			(貸)		
	甲事業負債	55,000		甲事業資産	95,000
	現金及び預金	41,000(*1)		**利益剰余金（移転利益）**	**ア1,000**(*2)
	S社株式	0			

(*1)　移転前に付された適正なS社の現金の帳簿価額

(*2)　41,000(*1)－適正な帳簿価額による甲事業の株主資本相当額40,000(*3)
＝1,000

(注)　現金等の財産と分離先企業（子会社）の株式を受取対価とする事業分離において，「分離元企業が受け取った現金等の財産の価額」が「移転した事業に係る資産及び負債の移転直前の適正な帳簿価額による株主資本相当額」を上回る場合には，個別財務諸表作成上，原則として当該差額を移転利益として認識する。なお，この場合，取得する分離先企業（子会社）の株式の取得原価はゼロとする。

(*3)　甲事業資産95,000－甲事業負債55,000＝40,000

◎　P社の事業分離後個別P/L　移転損益：1,000(*2)　　→ **アは誤り**

(2) Ｓ　社（分離先企業）

(借)	甲事業資産	95,000(*4)	(貸)	甲事業負債	55,000(*4)
	の れ ん	1,000(*5)		現金及び預金	41,000(*1)
				資 本 金	0

(*4) 移転前に付されたＰ社における甲事業の適正な帳簿価額

(注) 共通支配下の取引により，企業集団内を移転する資産及び負債は，原則として「移転前に付された適正な帳簿価額」により計上する。

(*5) 41,000(*1)－適正な帳簿価額による甲事業の株主資本相当額40,000(*3)
＝1,000

(注) 「移転事業に係る株主資本相当額」が「交付した現金等の財産の適正な帳簿価額」より下回る場合には，個別財務諸表作成上，払込資本をゼロとし，当該差額をのれんに計上する。

(3) 事業分離後個別貸借対照表

貸 借 対 照 表

Ｘ２年３月31日

借方科目	Ｐ　社	Ｓ　社	貸方科目	Ｐ　社	Ｓ　社
現金及び預金	159,625	9,000	甲事業負債	―	175,000
甲事業資産	―	270,000	借 入 金	115,000	―
土　　地	185,000	12,500	資 本 金	200,000	100,000
の れ ん	―	1,000	資本剰余金	25,000	―
Ｓ社株式	**イ63,875**	―	利益剰余金	68,500	17,500
合　　計	408,500	292,500	合　　計	408,500	292,500

◎　Ｐ社の事業分離後個別B/S Ｓ社株式：63,875　　→ **イは正しい**

2．連結上の処理

(1) 事業分離後持分比率の算定

	分離前		分離後
S　社 (1,000株)	55%	＋５％ →	60% (*6)
甲事業 (125株＋現金)	100%	△40% →	60% (*6)

(*6) $\dfrac{\text{P社所有株式数(1,000株×55\%＋125株)}}{\text{S社発行済株式総数(1,000株＋125株)}}$ ＝60%

(2) 評価差額の計上

(借) 土　　　地	2,000	(貸) 評　価　差　額	2,000(*7)

(*7) X１年３月31日(時価14,500－簿価12,500)＝2,000

(3) タイム・テーブル

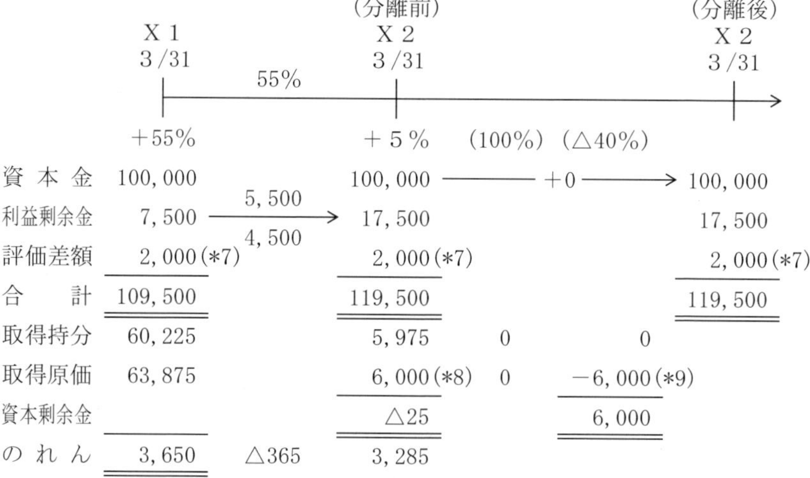

(*8) S社時価120,000(*10)×P社追加取得比率５％＝みなし投資額6,000

(*9) (甲事業全体の時価56,000－現金等の財産41,000(*1))

×甲事業に係るS社持分減少比率40%＝みなし移転事業額6,000

(注) 「みなし移転事業額(*9)」は「分離先企業に対するみなし投資額(*8)」と同額となる。

(*10) @120×S社事業分離前発行済株式総数1,000株＝120,000

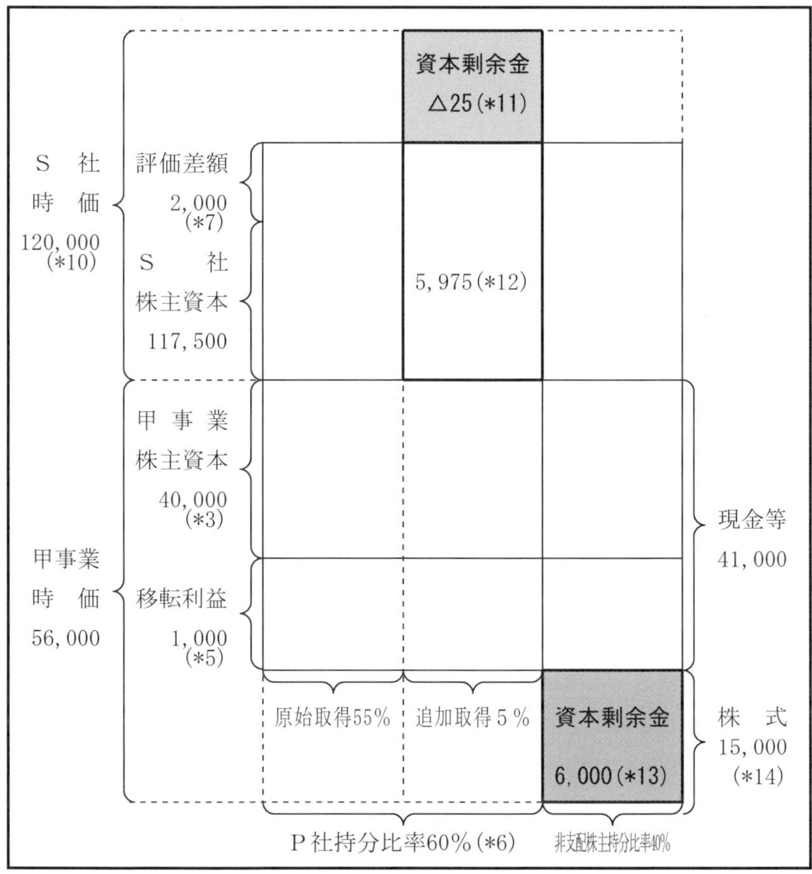

(*11) 分離先企業に対するみなし投資額6,000(*8)

－P社持分増加額5,975(*12)＝25

(*12) T/T 資本合計119,500×P社追加取得比率5％＝5,975

(*13) みなし移転事業額6,000(*9)－甲事業に係るP社持分減少額0＝6,000

又は，(甲事業全体の時価56,000

－現金等の財産41,000(*1)－S社株式取得原価0)

×甲事業に係るP社持分減少比率40％＝6,000

(*14) @120×125株＝15,000

(4) 連結貸借対照表作成のための連結修正仕訳

① 開始仕訳

(借)	資本金	100,000	(貸)	S社株式	63,875
	利益剰余金	7,500		非支配株主持分	49,275(*15)
	評価差額	2,000(*7)			
	のれん	3,650			

(*15) T/T 資本合計109,500×非支配株主持分比率45％＝49,275

② 当期純利益の按分

(借)	利益剰余金 (非支配株主に帰属する当期純損益)	4,500(*16)	(貸)	非支配株主持分	4,500

(*16) 当期純利益10,000×非支配株主持分比率45％＝4,500

③ のれん償却額

(借)	利益剰余金 (のれん償却額)	365(*17)	(貸)	のれん	365

(*17) 3,650÷10年＝365

④ 移転利益の修正

(借)	利益剰余金 (移転利益)	1,000(*2)	(貸)	のれん	1,000

(注) 移転利益は未実現損益の消去に準じて処理する。

⑤ 事業分離による追加取得

(借)	非支配株主持分	5,975	(貸)	資本剰余金	5,975(*18)

(*18) Ｐ社持分増加額5,975(*12)－移転事業に係るＰ社持分減少額０＝5,975

(注) 上記仕訳は以下のように分解して考えてもよい。

ｉ 追加取得（５％取得）

非支配株主との取引として子会社株式の追加取得の処理を行う。

(借)	非支配株主持分	5,975(*18)	(貸)	S社株式	6,000(*8)
	資本剰余金	25(*11)			

ⅱ 移転事業に係る投資と資本の相殺消去

(借)	資本金	0	(貸)	資本剰余金	6,000(*13)
	S社株式	6,000(*9)			

◎ 連結B/S資本剰余金：Ｐ社25,000＋事業分離5,975(*18)＝30,975

又は，Ｐ社25,000＋事業分離(△25(*11)＋6,000(*13))＝30,975

→ **ウは誤り**

Ⅱ．②現金等の移転前に付された適正な帳簿価額が，移転事業に係る株主資本相当額を下回る場合

1．個別上の処理（共通支配下の取引）

(1) P　社（分離元企業）

(借)	甲事業負債	55,000	(貸)	甲事業資産	95,000
	現金及び預金	26,000(*1)			
	S社株式	14,000(*2)			

(*1) 移転前に付された適正なS社の現金の帳簿価額

(*2) 貸借差額

(注) 現金等の財産と分離先企業（子会社）の株式を受取対価とする事業分離において，「分離元企業が受け取った現金等の財産の価額」が「移転した事業に係る資産及び負債の移転直前の適正な帳簿価額による株主資本相当額」を下回る場合には，個別財務諸表作成上，原則として当該差額を取得する分離先企業（子会社）の株式の取得原価とする。

◎　P社の事業分離後個別P/L 移転損益：0　　→ **エは正しい**

(2) S　社（分離先企業）

(借)	甲事業資産	95,000(*3)	(貸)	甲事業負債	55,000(*3)
				現金及び預金	26,000
				資本金	14,000(*4)

(*3) 移転前に付されたP社における甲事業の適正な帳簿価額

(注) 共通支配下の取引により，企業集団内を移転する資産及び負債は，原則として「移転前に付された適正な帳簿価額」により計上する。

(*4) 貸借差額

(注) 「移転事業に係る株主資本相当額」が「交付した現金等の財産の適正な帳簿価額」より上回る場合には，個別財務諸表作成上，当該差額を払込資本として計上する。

(3) 事業分離後個別貸借対照表

貸借対照表

X２年３月31日

借方科目	P　社	S　社	貸方科目	P　社	S　社
現金及び預金	144,625	24,000	甲事業負債	—	175,000
甲事業資産	—	270,000	借入金	115,000	—
土地	185,000	12,500	資本金	200,000	114,000
S社株式	77,875	—	資本剰余金	25,000	—
			利益剰余金	67,500	17,500
合計	407,500	306,500	合計	407,500	306,500

２．連結上の処理

(1) 事業分離後持分比率の算定

	分離前		分離後
S　社 (1,000株)	55%	＋９％→	64% (*5)
甲事業 (250株＋現金)	100%	△36%→	64% (*5)

(*5) $\frac{\text{P社所有株式数}(1,000\text{株}\times55\%+250\text{株})}{\text{S社発行済株式総数}(1,000\text{株}+250\text{株})}=64\%$

(2) 評価差額の計上

(借) 土　　地	2,000	(貸) 評　価　差　額	2,000(*6)

(*6) X１年３月31日(時価14,500－簿価12,500)＝2,000

(3) タイム・テーブル

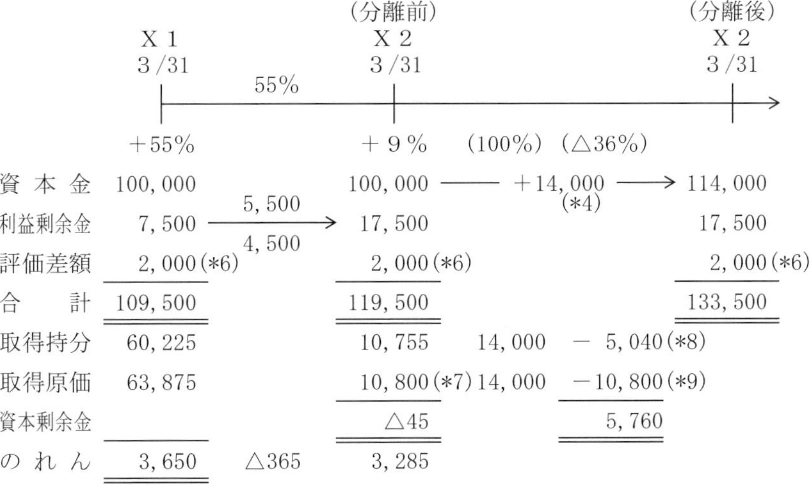

	X１ 3/31		(分離前) X２ 3/31			(分離後) X２ 3/31
	＋55%	55%	＋９%	(100%)	(△36%)	
資本金	100,000		100,000	──── ＋14,000(*4) ──→		114,000
利益剰余金	7,500	5,500 ──→ 4,500	17,500			17,500
評価差額	2,000(*6)		2,000(*6)			2,000(*6)
合計	109,500		119,500			133,500
取得持分	60,225		10,755	14,000	－5,040(*8)	
取得原価	63,875		10,800(*7)	14,000	－10,800(*9)	
資本剰余金			△45		5,760	
のれん	3,650	△365	3,285			

(*7) Ｓ社時価120,000(*10)×Ｐ社追加取得比率９％＝みなし投資額10,800

(*8) Ｓ社株式取得原価14,000(*2)×甲事業に係るＰ社持分減少比率36％
＝5,040

(*9) (甲事業全体の時価56,000－現金等の財産26,000)
×甲事業に係るＰ社持分減少比率36％＝みなし移転事業額10,800

(注) 「みなし移転事業額(*9)」は「分離先企業に対するみなし投資額(*7)」と同額となる。

(*10) @120×Ｓ社事業分離前発行済株式総数1,000株＝120,000

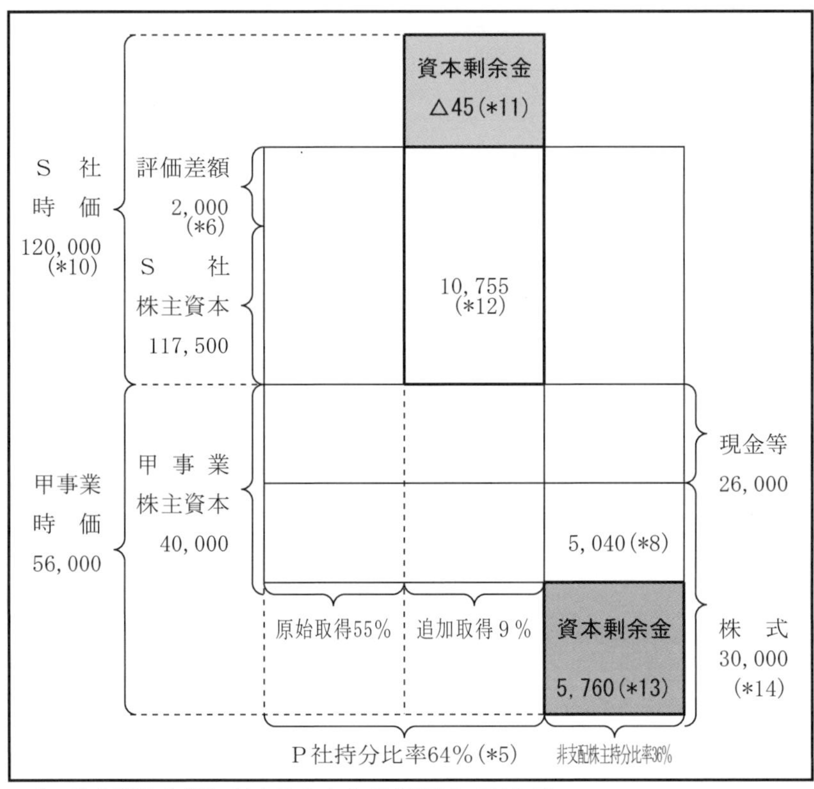

(*11)分離先企業に対するみなし投資額10,800(*7)

－P社持分増加額10,755(*12)＝45

(*12)T/T 資本合計119,500×P社追加取得比率9％＝10,755

(*13)みなし移転事業額10,800(*9)

－甲事業に係るP社持分減少額5,040(*8)＝5,760 又は，

(甲事業時価56,000－現金等の財産26,000(*1)

－S社株式取得原価14,000(*2))

×甲事業に係るP社持分減少比率36％＝5,760

(*14)@120×250株＝30,000

(4) 連結貸借対照表作成のための連結修正仕訳

① 開始仕訳

(借)	資本金	100,000	(貸)	S社株式	63,875
	利益剰余金	7,500		非支配株主持分	49,275(*15)
	評価差額	2,000(*6)			
	のれん	3,650			

(*15) T/T 資本合計109,500×非支配株主持分比率45%＝49,275

② 当期純利益の按分

(借)	利益剰余金 (非支配株主に帰属する当期純損益)	4,500(*16)	(貸)	非支配株主持分	4,500

(*16) 当期純利益10,000×非支配株主持分比率45%＝4,500

③ のれん償却額

(借)	利益剰余金 (のれん償却額)	365(*17)	(貸)	のれん	365

(*17) 3,650÷10年＝365

④ 事業分離による追加取得

(借)	資本金	14,000(*4)	(貸)	S社株式	14,000(*2)
	非支配株主持分	5,715		資本剰余金	5,715(*18)

(*18) P社持分増加額10,755(*12)－移転事業に係るP社持分減少額5,040(*8)
＝5,715

(注) 上記仕訳は以下のように分解して考えてもよい。

ⅰ 追加取得(9%取得)

非支配株主との取引として子会社株式の追加取得の処理を行う。

(借)	非支配株主持分	10,755(*12)	(貸)	S社株式	10,800(*7)
	資本剰余金	45(*11)			

ⅱ 移転事業に係る投資と資本の相殺消去

(借)	資本金	14,000(*4)	(貸)	S社株式	3,200(*19)
				非支配株主持分	5,040(*8)
				資本剰余金	5,760(*13)

(*19) S社株式取得原価14,000(*2)－10,800(*7)＝3,200

◎ 連結B/S 資本剰余金：P社25,000＋事業分離5,715(*18)＝30,715

又は，P社25,000＋事業分離(△45(*11)＋5,760(*13))＝30,715

→ オは正しい

問題45　正解 3

本問のポイント　包括利益計算書

▼解　説▼　（単位：千円）

Ⅰ．P社個別上の処理（その他有価証券）

1．当期首

（借）	繰延税金負債	400(*2)	（貸）	投資有価証券	1,000(*1)
	その他有価証券評価差額金	600			

(*1) 前期末時価8,000－取得原価7,000＝1,000

(*2) 1,000(*1)×実効税率40％＝400

2．売却時

（借）	現金預金	8,300	（貸）	投資有価証券	7,000
				投資有価証券売却損益	1,300

Ⅱ．P社個別包括利益計算書

＜包括利益計算書＞

当期純利益	3,000
その他の包括利益	
その他有価証券評価差額金	△　600(*1)
その他の包括利益合計	△　600
包括利益	2,400

＜組替調整額の注記＞

その他有価証券評価差額金		
当期発生額	300(*2)	
組替調整額	△ 1,300(*3)	△ 1,000
税効果調整前合計		△ 1,000
税効果額		400
その他の包括利益合計		△　600

(*1) 当期末０－前期末600＝△600

(*2) 売却時時価8,300－前期末時価8,000＝300

(*3) 売却時時価8,300－取得原価7,000＝投資有価証券売却益1,300

(注) 当期純利益を構成する項目のうち，当期又は過去の期間に「その他の包括利益」に含まれていた部分については，包括利益での二重計算を避けるため，その他の包括利益の調整（組替調整）が行われる。なお，その他有価証券評価差額金に関する組替調整額は，当期に計上された売却損益及び評価損益等，当期純利益に含められた金額による。

Ⅲ．Ｓ社に係る連結修正仕訳等

１．タイムテーブル

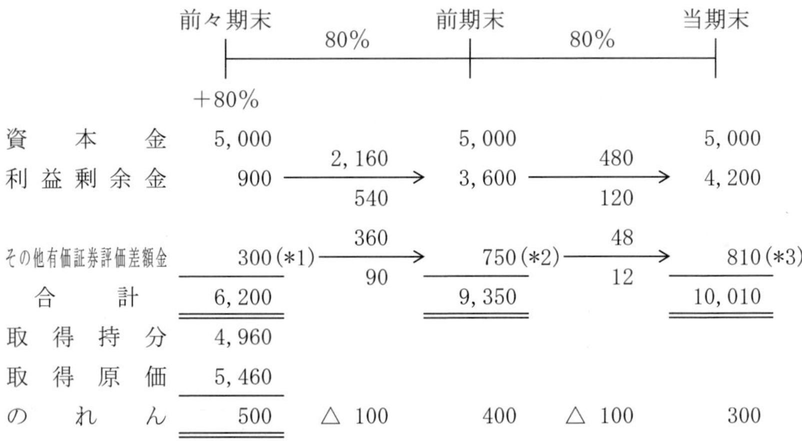

	前々期末		前期末		当期末
	＋80%	80%		80%	
資本金	5,000		5,000		5,000
利益剰余金	900	→ 2,160 / 540	3,600	→ 480 / 120	4,200
その他有価証券評価差額金	300(*1)	→ 360 / 90	750(*2)	→ 48 / 12	810(*3)
合計	6,200		9,350		10,010
取得持分	4,960				
取得原価	5,460				
のれん	500	△ 100	400	△ 100	300

(*1)(前々期末時価2,500－取得原価2,000)×(１－実効税率40%)＝300

(*2)(前期末時価3,250－取得原価2,000)×(１－実効税率40%)＝750

(*3)(当期末時価3,350－取得原価2,000)×(１－実効税率40%)＝810

2．開始仕訳

(1) 前々期末（80%取得）

（借）	資本金当期首残高	5,000	（貸）	S　社　株　式	5,460
	利益剰余金当期首残高	900		非支配株主持分当期首残高	1,240(*1)
	その他有価証券評価差額金当期首残高	300			
	の　れ　ん	500			

(*1) T/T 資本合計6,200×非支配株主持分比率20%＝1,240

(2) 前　期

① 支配獲得後利益剰余金の振替

（借）	利益剰余金当期首残高	540	（貸）	非支配株主持分当期首残高	540

② その他有価証券評価差額金の按分

（借）	その他有価証券評価差額金当期首残高	90	（貸）	非支配株主持分当期首残高	90

③ のれんの償却

（借）	利益剰余金当期首残高	100	（貸）	の　れ　ん	100

(3) (1)＋(2) → 開始仕訳

（借）	資本金当期首残高	5,000	（貸）	S　社　株　式	5,460
	利益剰余金当期首残高	1,540		非支配株主持分当期首残高	1,870(*1)
	その他有価証券評価差額金当期首残高	390			
	の　れ　ん	400			

(*1) T/T 資本合計9,350×非支配株主持分比率20%＝1,870

3．当期純利益の按分

（借）	非支配株主に帰属する当期純損益	120(*1)	（貸）	非支配株主持分当期変動額	120

(*1)（当期末4,200－前期末3,600）×非支配株主持分比率20%＝120

4．その他有価証券評価差額金の按分

（借）	その他有価証券評価差額金当期変動額	12(*1)	（貸）	非支配株主持分当期変動額	12

(*1)（当期末810－前期末750）×非支配株主持分比率20%＝12

5．のれんの償却

（借）	の れ ん 償 却 額	100	（貸）	の　れ　ん	100

Ⅳ．連結包括利益計算書

＜連結包括利益計算書＞

当期純利益		3,500(*1)
その他の包括利益		
その他有価証券評価差額金	△	540(*2)
その他の包括利益合計	△	540
包括利益		2,960

（内訳）

親会社株主に係る包括利益	2,828(*3)
非支配株主に係る包括利益	132(*4)

＜組替調整額の注記＞

その他有価証券評価差額金			
当期発生額	400(*5)		
組替調整額	△ 1,300(*6)	△	900
税効果調整前合計		△	900
税効果額			360
その他の包括利益合計		△	540

(*1) P社当期純利益3,000
＋S社当期純利益(4,200－3,600)－のれん償却額100＝3,500

(*2) P社△600＋S社T/T(48＋12)＝△540

(*3) P社(当期純利益3,000＋その他有価証券評価差額金△600)
＋S社T/T(480－100＋48)＝2,828

(*4) S社T/T(120＋12)＝132

(*5) P社300＋S社(当期末時価3,350－前期末時価3,250)＝400

(*6) 売却時時価8,300－取得原価7,000＝投資有価証券売却益1,300

V．解答数値の算定

1.　連結包括利益計算書におけるその他の包括利益合計： 540(*1)（減少）

　　∴ 誤り

2.　連結包括利益計算書における包括利益： 2,960(*2)（増加）

　　∴ 誤り

3.　連結包括利益計算書における包括利益： 2,960(*2)（増加）

　　∴ 正しい

4.　連結包括利益計算書の包括利益の内訳項目である非支配株主に係る包括利益： 132(*1)（増加）

　　∴ 誤り

5.　連結包括利益計算書の組替調整額の注記におけるその他有価証券評価差額金に係る当期発生額： 400(*3)（増加）

　　∴ 誤り

6.　連結包括利益計算書の組替調整額の注記におけるその他有価証券評価差額金に係る組替調整額： 1,300(*3)（減少）

　　∴ 誤り

(*1) 連結包括利益計算書より

(*2) 連結包括利益計算書より

又は，連結株主資本等変動計算書の当期変動額合計(純資産合計)2,960 －持分所有者との直接的な取引 0 ＝2,960

(*3) 連結包括利益計算書の組替調整額の注記より

問題 46　　正解 5

本問のポイント　会計上の変更及び誤謬の訂正

▼解　説▼　(単位：千円)

Ⅰ．仕訳処理

1．×３年度財務諸表の修正に関する遡及適用仕訳

×３年度の帳簿は既に締め切られているため，以下の仕訳は×４年度の財務諸表を修正するための仕訳として，帳簿外（通常，精算表）で行われる。

(1) 商品（会計方針の変更）

(借)	商　　　品	180(*1)	(貸)	繰越利益剰余金 (会計方針の変更による累積的影響額)	750(*3)
	売 上 原 価	570(*2)			

(*1) 先入先出法を適用した場合の×３年度期末棚卸高16,800
　－総平均法を適用した場合の×３年度期末棚卸高16,620
　＝×３年度期末棚卸高の税引前当期純利益への影響180

(*2) 先入先出法を適用した場合の×３年度売上原価260,950
　－総平均法を適用した場合の×３年度売上原価260,380
　＝×３年度売上原価の税引前当期純利益への影響570

(*3) 先入先出法を適用した場合の×３年度期首棚卸高18,750
　－総平均法を適用した場合の×３年度期首棚卸高18,000
　＝×３年度期首棚卸高の税引前当期純利益への影響750

(注) 表示期間より前の期間に関する遡及適用による累積的影響額は，表示する財務諸表のうち，最も古い期間の期首の資産，負債及び純資産の額に反映する。

(2) 営業費（過去の誤謬の訂正）

(借)	営　業　費	1,500	(貸)	未 払 費 用	1,500

２．×４年度に関する仕訳

(1) 商　品

①　会計方針の変更に伴う遡及適用の引継

(借) 繰越商品	180	(貸) 繰越利益剰余金 (繰越利益剰余金当期首残高)	180

②　売上原価の算定

(借) 仕入	16,800	(貸) 繰越商品	16,800
(借) 繰越商品	13,600	(貸) 仕入	13,600

(2) 機械（耐用年数の変更）

(借) 機械減価償却費	8,400(*1)	(貸) 機械減価償却累計額	8,400

(*1) (48,000－×４年度期首減価償却累計額6,000(*2))

÷残存耐用年数５年(*3)＝8,400

(*2) 48,000÷旧耐用年数８年×経過年数１年(×3.4～×4.3)＝6,000

(*3) 新耐用年数６年－経過年数１年(×3.4～×4.3)＝５年

(3) 営業費

①　過去の誤謬の訂正に伴う遡及適用の引継

(借) 繰越利益剰余金 (繰越利益剰余金当期首残高)	1,500	(貸) 未払営業費	1,500

②　×４年度の営業費の修正

ⅰ　×４年度の期首に行った仕訳

仕　訳　な　し

ⅱ　本来あるべき仕訳

(借) 未払営業費	1,500	(貸) 営業費	1,500

ⅲ　修正仕訳（ⅱ－ⅰ）

(借) 未払営業費	1,500	(貸) 営業費	1,500

Ⅱ．解答数値の算定

①750＋②(77,200＋1,500)＋③8,400＝87,850

問題 47　　正解 2

本問のポイント　履行義務への取引価格の配分

▼解　説▼　（単位：千円）

Ⅰ．設備Ａ，製品Ｂ，保守点検サービスのセット販売（５台）

1．取引価格の配分

製品，サービス	独立販売価格	配分後取引価格
設備Ａ	40,000	36,000(*2)
製品Ｂ	20,000	18,000(*3)
保守点検サービス	10,000	9,000(*4)
合　計	70,000(*1)	63,000

(*1) 設備Ａ40,000＋製品Ｂ20,000＋保守点検サービス10,000＝70,000

(*2) セット販売価格63,000× $\frac{\text{設備Aの独立販売価格40,000}}{\text{独立販売価格の合計70,000(*1)}}$ ＝36,000

(*3) セット販売価格63,000× $\frac{\text{製品Bの独立販売価格20,000}}{\text{独立販売価格の合計70,000(*1)}}$ ＝18,000

(*4) セット販売価格63,000× $\frac{\text{保守点検サービスの独立販売価格10,000}}{\text{独立販売価格の合計70,000(*1)}}$

＝9,000

(注) 財又はサービスの独立販売価格の比率に基づき，契約において識別したそれぞれの履行義務に取引価格を配分する。

2．当期における収益の認識

(設備Ａ36,000(*2)＋製品Ｂ18,000(*3)＋保守点検サービス4,500(*5))

×５台＝**292,500**

(*5) 9,000(*4)× $\frac{\text{12ヶ月(×3.4〜×4.3)}}{\text{24ヶ月(×3.4〜×5.3)}}$ ＝4,500

(注) 設備Ａおよび製品Ｂの販売は一時点で履行義務を充足すると判断し，検収時に収益を認識する。保守点検サービスの提供は一定の期間にわたり履行義務を充足すると判断し，サービス提供期間にわたり収益を認識する。

Ⅱ．製品Ｂの販売（４台）

当期における収益の認識：独立販売価格20,000×４台＝**80,000**

Ⅲ．保守点検サービスの販売（１台）

当期における収益の認識：**2,500**(＊1)

(＊1) 独立販売価格10,000 × $\frac{6ヶ月(×3.10〜×4.3)}{24ヶ月(×3.10〜×5.9)}$ ＝2,500

（注）保守点検サービスの提供は一定の期間にわたり履行義務を充足すると判断し，サービス提供期間にわたり収益を認識する。

Ⅳ．解答数値の算定

設備Ａ，製品Ｂ，保守点検サービスのセット販売292,500
＋製品Ｂ80,000＋保守点検サービス2,500＝**375,000**

問題 48　　正解 1

本問のポイント　数量値引きの見積，返品権付き販売，顧客に支払われる対価小売業における消化仕入等

▼解　説▼　（単位：千円）

Ⅰ．商品Ａ（顧客に支払われる対価）

1．×6年3月3日

(借) 前渡金	1,200	(貸) 現金預金	1,200

（注）顧客に支払われる対価が顧客から受領する別個の財又はサービスと交換に支払われるもの以外の場合，取引価格から減額するため，支払時には「前渡金」等で処理する。なお，顧客に支払われる対価が顧客から受領する別個の財又はサービスと交換に支払われるものである場合には，当該財又はサービスを仕入先からの購入と同様の方法で処理する。

2．×6年3月25日

(1) 実際行われた仕訳

(借) 売掛金	60,000	(貸) 売上	60,000

(2) あるべき仕訳

(借) 売掛金	60,000	(貸) 前渡金	240(*1)
		売上	59,760(*2)

(*1) 60,000×0.4％(*3)＝240

(*2) 60,000－240(*1)＝59,760　又は，60,000×（1－0.4％(*3)）＝59,760

（注）当社は商品Ａをａ社に販売するにつれて，商品Ａについての取引価格を 0.4％(*3)減額する。

（注）顧客に支払われる対価を取引価格から減額する場合には，(1) 関連する財又はサービスの移転に対する収益を認識する時，又は，(2) 企業が対価を支払うか又は支払を約束する時のいずれか遅い方が発生した時点で（又は発生するにつれて），収益を減額する。本問では，×6年3月3日に対価を支払っているため，商品販売時（×6年3月25日）に収益を減額する。

(*3) 1,200÷300,000＝0.4％

（注）上記あるべき仕訳は以下のように分解して考えてもよい。

① 商品Aの販売

(借) 売掛金	60,000	(貸) 売上	60,000

② 取引価格からの減額

(借) 売上	240	(貸) 前渡金	240(*1)

(3) 修正仕訳（(2)－(1)）

(借) **売上**	**240**	(貸) 前渡金	240(*1)

Ⅱ．商品B（返品権付き販売，決算整理）

(借) 仮受金	40,000(*1)	(貸) **売上**	**38,400**(*2)
		返金負債	1,600(*3)

(*1) @800×50個＝40,000

(*2) @800×返品されないと見込む商品B48個＝38,400

（注）返品されると見込む商品B２個(*4)については収益を認識しない。

(*3) @800×２個(*4)＝1,600

（注）顧客から受け取った又は受け取る対価の一部あるいは全部を顧客に返金すると見込む場合，受け取った又は受け取る対価の額のうち，企業が権利を得ると見込まない額について，返金負債を認識する。したがって，返品されると見込む商品B２個(*4)について，返金負債を認識する。

(*4) 50個－48個＝２個

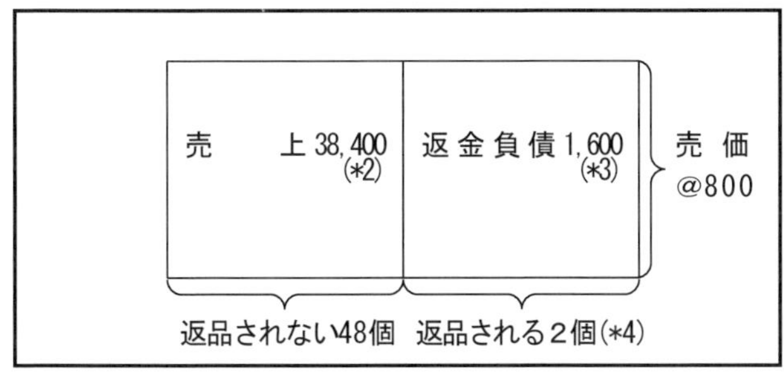

Ⅲ．商品C（数量値引きの見積り）

1．×5年12月1日（処理済）

(借) 売掛金	1,000	(貸) 売上	1,000(*1)

(*1) @20×50個＝1,000

（注）変動対価の額に関する不確実性が事後的に解消される際に，解消される時点までに計上された収益の著しい減額が発生しない可能性が高い部分に限り，取引価格に含める。したがって，当社は，1個当たり20千円に基づき収益を認識する。

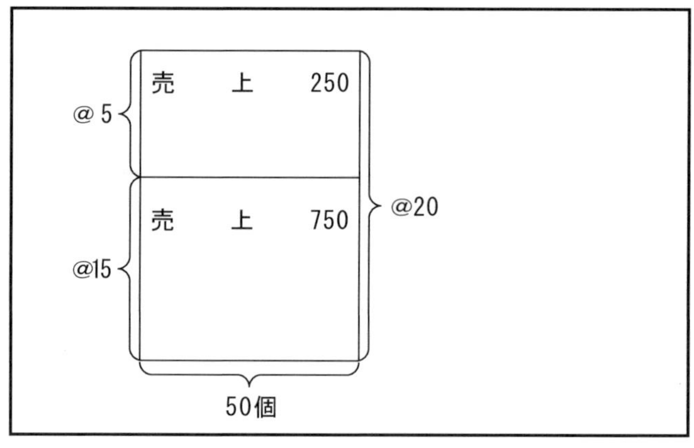

2．×6年3月1日（未処理）

(借) 売掛金	6,000(*2)	(貸) 売上	4,250(*3)
		返金負債	1,750(*4)

(*2) @20×300個＝6,000

(注) 受け取る対価に対する現在の権利を有している場合には，当該金額が将来において返金の対象となる可能性があるとしても，顧客との契約から生じた債権を認識する。

(*3) @15×300個－(@20－@15)×50個＝4,250　又は，
　@15×合計販売数量(50個＋300個)－既計上額1,000(*1)＝4,250

(注) 取引価格の事後的な変動のうち，既に充足した履行義務に配分された額については，取引価格が変動した期の収益の額を修正する。

(*4) (@20－@15)×合計販売数量(50個＋300個)＝1,750

(注) 顧客から受け取った又は受け取る対価の一部あるいは全部を顧客に返金すると見込む場合，受け取った又は受け取る対価の額のうち，企業が権利を得ると見込まない額について，返金負債を認識する。したがって，返金されると見込まれる 1,750(*4)について返金負債を認識する。

(注) 上記仕訳は以下のように分解して考えてもよい。

(1) 300個の販売

(借) 売掛金	6,000(*2)	(貸) 売上	6,000

(2) 300個に係る取引価格の修正

(借) 売上	1,500	(貸) 返金負債	1,500(*5)

(*5) (@20－@15)×300個＝1,500

(3) 50個に係る取引価格の修正

(借) 売上	250	(貸) 返金負債	250(*6)

(*6) (@20－@15)×50個＝250

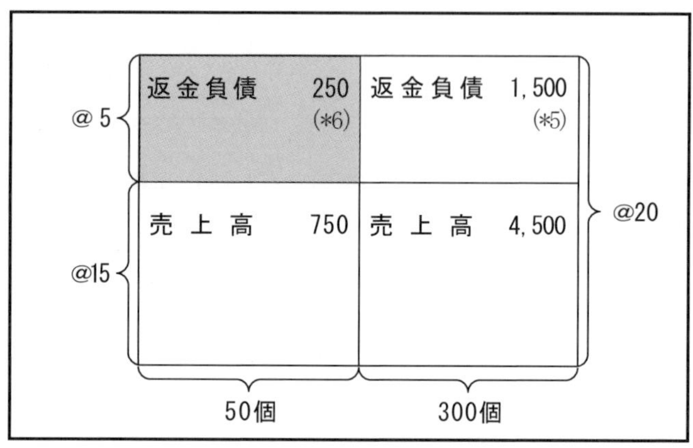

Ⅳ．商品Ｄ（消化仕入，未処理）

(借) 現金預金	1,800	(貸) 買掛金	1,500
		手数料収入	300

（注）当社は代理人として，ｄ社により提供された商品を顧客に販売したことにより受け取った対価 1,800千円からｄ社に支払う対価 1,500千円を控除した純額を収益として認識する。手数料収入は純額の 300千円で計上する。

（注）消化仕入とは，商品販売時（消化時）に当該商品を仕入れたと考える取引をいう。

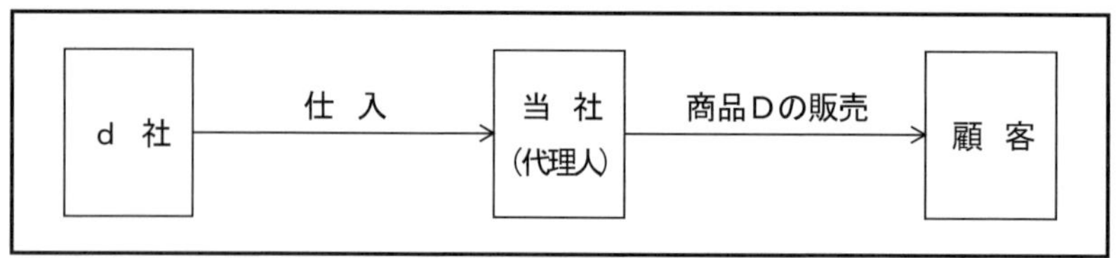

Ⅴ．解答数値の算定

前T/B 784,600－商品Ａ240＋商品Ｂ38,400＋商品Ｃ4,250＋商品Ｄ300

＝827,310

問題 49　　正解 4

本問のポイント　建設業会計

▼解　説▼　(単位：千円)

Ⅰ．履行義務の充足に係る進捗度を合理的に見積ることが困難な場合

1．完　成　工　事　高：12, 528, 040(*1)

(*1) 実際工事原価(甲9, 487, 800＋乙3, 040, 240)＝12, 528, 040

(注) 履行義務の充足に係る進捗度を合理的に見積ることができない場合，原価回収基準により収益を認識する。したがって，履行義務を充足する際に発生する費用のうち，回収することが見込まれる費用の金額で収益を認識する。なお，本問では問題文より，費用がすべて回収できると見込まれるため，×４年度において発生した費用の全額が完成工事高となる。

2．完　成　工　事　原　価：12, 528, 040(*1)

3．完成工事総利益：12, 528, 040(*1)－12, 528, 040(*1)＝0

Ⅱ．履行義務の充足に係る進捗度を合理的に見積ることが可能である場合

1．完　成　工　事　高：16, 993, 600(*2)

(*2) 甲12, 650, 400(*3)＋乙4, 343, 200(*4)＝16, 993, 600

(*3) $\text{契約価額}42,577,920 \times \dfrac{\text{実際工事原価}9,487,800}{\text{見積総工事原価}31,933,440} = 12,650,400$

(*4) $\text{契約価額}39,916,800 \times \dfrac{\text{実際工事原価}3,040,240}{\text{見積総工事原価}27,941,760} = 4,343,200$

(注) 履行義務の充足に係る進捗度を合理的に見積ることができる場合，当該進捗度に基づき，一定の期間にわたり収益を認識する。

2．完　成　工　事　原　価：12, 528, 040(*1)

3．完成工事総利益：16, 993, 600(*2)－12, 528, 040(*1)＝4, 465, 560

Ⅲ．解答数値の算定

(A) 12, 528, 040(*1)

(B) 4, 465, 560

問題 50

問1	正解 5	問2	正解 3	問3	正解 4
問4	正解 2	問5	正解 2	問6	正解 2

本問のポイント 棚卸資産の評価，試用販売，有形固定資産，貸倒引当金，経過勘定

▼解　説▼　（単位：千円）

Ⅰ．決算整理仕訳等

1．一般商品売買

(1) 返品・値引・割戻

（借）	仕入戻し	12,100	（貸）	仕入	26,400
	仕入値引	5,800			
	仕入割戻し	8,500			

(2) 売上原価の算定

（借）	仕入	71,100	（貸）	繰越商品	71,100
（借）	繰越商品	83,400(*1)	（貸）	仕入	83,400

(*1) A商品33,000(*2)＋B商品50,400(*3)＝83,400

(*2) 原価@110×帳簿棚卸数量300個＝33,000

(*3) 原価@180×帳簿棚卸数量280個＝50,400

(3) 期末評価

① A商品

(借) 商品低価評価損 (特別損失)	24,000(*1)	(貸) 繰越商品	24,000

(*1) (原価@110－正味売却価額@30)×300個＝24,000

② B商品

(借) 棚卸減耗費 (売上原価)	5,400(*1)	(貸) 繰越商品	9,100
商品低価評価損 (売上原価)	3,700(*2)		

(*1) 原価@180×(帳簿棚卸数量280個－実地棚卸数量250個)＝5,400

(*2) 良品{(原価@180－正味売却価額@170)×220個(*3)}

＋品質低下品{(原価@180－正味売却価額@130(*4))×30個}＝3,700

(*3) 実地棚卸数量250個－品質低下品30個＝220個

(*4) 原価@180－評価減@50＝正味売却価額@130

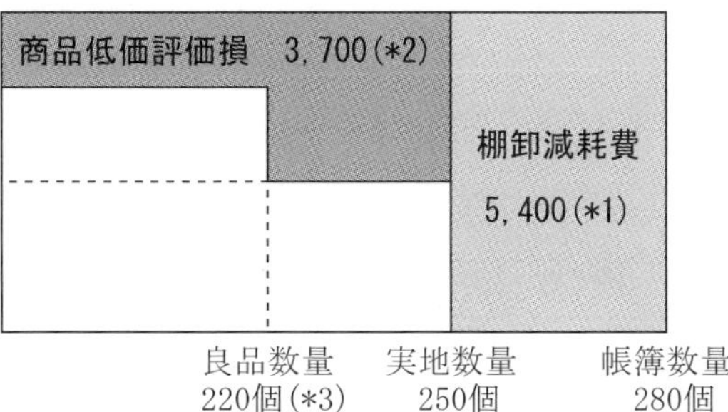

XXII 総合問題

2．試用販売（C商品，対照勘定法）

（借）	仕　　　　入	6,000	（貸）	試　用　品	6,000
（借）	試　用　品	3,300（*1）	（貸）	仕　　　　入	3,300

（*1）前T/B 試用未収金5,500×原価率60％＝3,300

3．有形固定資産

(1) 建　物

（借）	建物減価償却費	6,750（*1）	（貸）	建物減価償却累計額	6,750

（*1）300,000×0.9÷40年＝6,750

(2) 車　両（直接法）

（借）	車両減価償却費	4,950（*1）	（貸）	車　　　　両	4,950

（*1）$50,000(*2)\times 0.9\times\dfrac{\text{X７年３月期の走行距離}22,000\text{km}}{\text{総走行可能距離}200,000\text{km}}=4,950$

（*2）取得原価をAとすると，以下の式が成り立つ。

$$A-A\times 0.9\times\dfrac{\text{X６年３月期末時点の累積走行距離}58,000\text{km}(*3)}{\text{総走行可能距離}200,000\text{km}}$$

＝前T/B 36,950 → ∴ A＝50,000

（*3）X７年３月期末時点の累積走行距離80,000km

－X７年３月期の走行距離22,000km＝58,000km

(3) 備　品（定率法から定額法への変更）

（借）	備品減価償却費	5,150（*1）	（貸）	備品減価償却累計額	5,150

（*1）(80,000×0.9－46,250)÷(８年－経過年数３年)＝5,150

(4) 土　地（同一種類かつ同一用途の固定資産同士の交換以外，未処理）

（借）土　　　　　地	61,500(*1)	（貸）有　価　証　券	64,130
有価証券売却損益	2,630		

(*1) 提供した有価証券の時価

(注) 自己所有の有価証券と交換に固定資産を取得した場合（＝同一種類，同一用途の固定資産同士の交換**以外の**場合）には，譲渡資産をいったん時価で売却し，回収した資金で新たな資産を取得したとみなす。

したがって，上記仕訳は，次のように分解して考えると理解し易いであろう。

① 有価証券の売却

（借）現　金　預　金	61,500(*1)	（貸）有　価　証　券	64,130
有価証券売却損益	2,630		

② 固定資産の購入

（借）土　　　　　地	61,500(*1)	（貸）現　金　預　金	61,500

4．金銭債権

(1) 営業債権（一般債権，貸倒実績率法）

(借) 貸倒引当金繰入額 (販売費及び一般管理費)	2,356(*1)	(貸) 貸倒引当金(流動)	2,356

(*1) 前T/B 売掛金190,000×貸倒実績率2.2％(*2)

－前T/B 貸倒引当金(流動)1,824＝2,356

(*2)(3.2％(*3)＋1.9％(*4)＋1.5％(*5))÷3＝2.2％

(*3) 3,588÷112,125＝3.2％

(*4) 2,964÷156,000＝1.9％

(*5) 3,420÷228,000＝1.5％

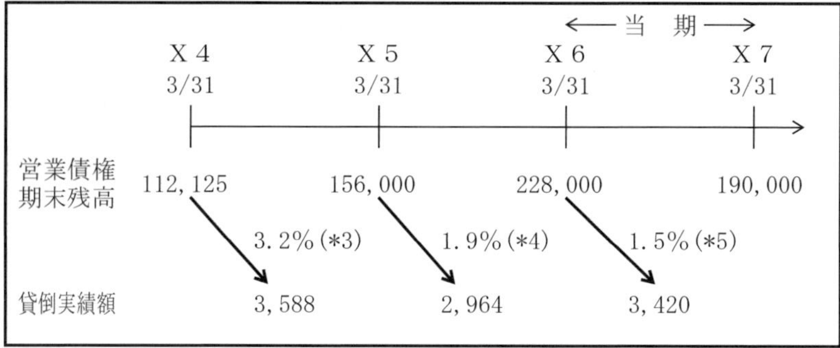

(2) 長期貸付金

① 丙社に対する貸付金（貸倒懸念債権，キャッシュ・フロー見積法）

(借)	貸倒引当金繰入額 (営 業 外 費 用)	17,429(*1)	(貸) 貸倒引当金(固定)	17,429

(*1) 160,000－142,571(*2)＝17,429

(*2) 1,600(*3)÷1.05＋1,600(*3)÷(1.05)^2＋161,600(*4)÷(1.05)^3

＝142,571.212… → 142,571（四捨五入）

(*3) 160,000×１％＝1,600

(*4) 160,000＋1,600(*3)＝161,600

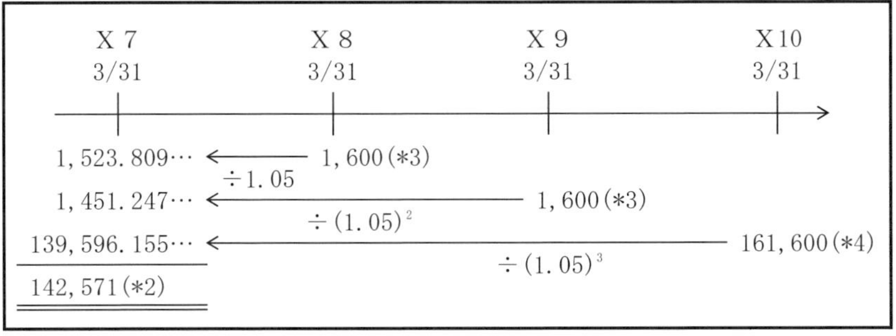

XXII 総合問題

② 丁社に対する貸付金（破産更生債権等，財務内容評価法）

（借）	破産更生債権等	60,000	（貸）	長期貸付金	60,000
（借）	貸倒引当金繰入額 （営業外費用）	27,000(*1)	（貸）	貸倒引当金(固定)	27,000

(*1) 60,000－(担保の処分による回収見込額24,000(*2)

＋保証による回収見込額9,000(*3))＝27,000

又は，60,000×（１－担保の処分40%－保証による回収15%)＝27,000

(*2) 60,000×担保の処分40%＝24,000

(*3) 60,000×保証による回収15%＝9,000

５．経過勘定

（借）	前払営業費	4,000	（貸）	営業費	4,000
（借）	支払利息	2,500(*1)	（貸）	未払利息	2,500

(*1) $200,000 \times 3\% \times \dfrac{5\text{ヶ月}(X6.11\sim X7.3)}{12\text{ヶ月}} = 2,500$

Ⅱ．決算整理後残高試算表

決算整理後残高試算表

現金預金	355,110	買掛金	151,700
売掛金	190,000	未払利息	2,500
繰越商品	50,300	貸倒引当金(流動)	4,180
試用品	3,300	長期借入金	200,000
前払営業費	4,000	建物減価償却累計額	87,750
建物	300,000	備品減価償却累計額	51,400
車両	32,000	貸倒引当金(固定)	44,429
備品	80,000	資本金	800,000
土地	351,500	その他資本剰余金	30,000
長期貸付金	160,000	利益準備金	100,000
破産更生債権等	60,000	繰越利益剰余金	56,386
試用未収金	5,500	売上	2,054,200
仕入	1,536,000	試用売上	246,000
棚卸減耗費	5,400	試用仮売上	5,500
商品低価評価損	3,700	受取利息配当金	8,000
営業費	612,250	仕入割引	4,000
貸倒引当金繰入額	2,356		
建物減価償却費	6,750		
車両減価償却費	4,950		
備品減価償却費	5,150		
支払利息	6,000		
貸倒引当金繰入額	44,429		
有価証券売却損益	2,630		
商品低価評価損	24,000		
固定資産売却損	720		
合　　計	3,846,045	合　　計	3,846,045

XXII 総合問題

Ⅲ．解答数値の算定（ 問１ ～ 問６ ）

B/S 貸倒引当金(流動)：4, 180

P/L 売上高：売上2, 054, 200＋試用売上246, 000＝2, 300, 200

P/L 売上原価：仕入1, 536, 000＋棚卸減耗費5, 400
＋商品低価評価損3, 700＝1, 545, 100

P/L 販売費及び一般管理費：
営業費612, 250＋貸倒引当金繰入額2, 356
＋減価償却費(建物6, 750＋車両4, 950＋備品5, 150)＝631, 456

P/L 営業外費用：支払利息6, 000＋貸倒引当金繰入額44, 429
＋有価証券売却損2, 630＝53, 059

P/L 特別損失：商品低価評価損24, 000＋固定資産売却損720＝24, 720

MEMO

問題 51

問1 正解 1　問2 正解 4　問3 正解 3
問4 正解 2　問5 正解 6

本問のポイント　減損会計，有価証券，ヘッジ会計，貸倒引当金

▼解　説▼　(単位：千円)

Ｉ．〔資料Ｉ〕の空欄推定

長期貸付金：598,077 ← 対W社貸付金400,000
＋対Ｖ社貸付金198,077(*1)

貸倒引当金： 22,633 ← 後述（Ⅱ．４．(1) ①参照）

(*1) 取得価額196,228＋償却額1,849(*2)＝198,077

(*2) 7,849(*3)－6,000(*4)＝1,849

(*3) 取得価額196,228×実効利子率４％＝7,849.12 → 7,849（四捨五入）

(*4) 額面200,000×債権金額に対する利率３％＝6,000

Ⅱ．決算整理仕訳等

１．有形固定資産

(1) 建　物

(借) 建物減価償却費 130,800(*1)	(貸) 建物減価償却累計額 130,800

(*1) 6,540,000÷50年＝130,800

(2) 備　品

(借) 備品減価償却費 108,750(*2)	(貸) 備品減価償却累計額 108,750

(*2) 870,000÷８年＝108,750

2．減損会計

(1) 減損損失の認識の判定及び測定並びに各資産グループへの配分

	Aグループ	Bグループ	Cグループ	共用資産	より大きな単位
減損の兆候	なし	あり	あり	あり	—
帳簿価額合計	120,000	240,000	600,000	30,000	990,000(*1)
割引前将来キャッシュ・フロー		240,500(*2)	590,000(*3)		959,000(*4)
減損損失の認識		しない(注)	する(注)		する(注)
回収可能価額			569,600(*5)		924,540(*6)
減損損失			△30,400		△65,460
各資産グループごとの減損処理後帳簿価額	120,000	240,000	569,600	30,000	
共用資産を加えることによる減損損失増加額					△35,060(*7)
減損損失増加額の配分				△22,910(*8)	22,910(*8)
減損損失超過額の配分	△4,050(*10)	△8,100(*11)			12,150(*9)
減損処理後帳簿価額	115,950	231,900	569,600	7,090	924,540

(*1) A資産グループ120,000＋Ｂ資産グループ240,000
＋Ｃ資産グループ600,000＋共用資産30,000＝990,000

(*2) ×９年３月期 87,000＋×10年３月期 82,500
＋×11年３月期 71,000＝240,500

(*3) ×９年３月期280,000＋×10年３月期190,000
＋×11年３月期120,000＝590,000

(*4) ×９年３月期420,000＋×10年３月期314,000
＋×11年３月期225,000＝959,000

(注) Ｂ資産グループ：割引前将来ＣＦ240,500(*2) ＞ 帳簿価額240,000
→ 減損損失を認識しない

Ｃ資産グループ：割引前将来ＣＦ590,000(*3) ＜ 帳簿価額600,000
→ 減損損失を認識する

より大きな単位：割引前将来ＣＦ959,000(*4) ＜ 帳簿価額990,000(*1)
→ 減損損失を認識する

(*5) 使用価値569,600(*12) ＞ 正味売却価額500,000

→ 回収可能価額569,600

(*6) 使用価値924,540(*13) ＞ 正味売却価額842,090

→ 回収可能価額924,540

(*7) より大きな単位での減損損失65,460

－C資産グループに係る減損損失30,400＝35,060

(*8) 帳簿価額30,000－正味売却価額7,090＝22,910

(*9) 35,060(*7)－22,910(*8)＝12,150

(*10) $12,150(*9) \times \dfrac{120,000}{120,000+240,000} = 4,050$

(*11) $12,150(*9) \times \dfrac{240,000}{120,000+240,000} = 8,100$

(*12) ×9年3月期280,000×0.98＋×10年3月期190,000×0.96

＋×11年3月期120,000×0.94＝569,600

(*13) ×9年3月期420,000×0.98＋×10年3月期314,000×0.96

＋×11年3月期225,000×0.94＝924,540

(2) 仕訳処理

(借)			(貸)		
	減損損失	65,460		建物	39,795(*14)
				備品	4,930(*15)
				土地	20,735(*16)

(*14)～(*16)

	Aグループ	Bグループ	Cグループ	共用資産	合計
帳簿価額合計	120,000	240,000	600,000	30,000	990,000
減損損失	△ 4,050	△ 8,100	△30,400	△22,910	△65,460
配分比率	0.03375	0.03375	0.0506…	0.7636…	—
建物への配分	△ 2,025	△ 2,700	△12,160	△22,910	△39,795(*14)
備品への配分	△ 540	△ 1,350	△ 3,040	—	△ 4,930(*15)
土地への配分	△ 1,485	△ 4,050	△15,200	—	△20,735(*16)

3．有価証券

(1) A社株式（売買目的有価証券，修正受渡日基準）

① 約定時

仕　訳　な　し

② 決算整理

(借)	有価証券評価損益	950(*1)	(貸)	有価証券	950

(*1) 取得原価150千ドル×109円／ドル－当期末時価140千ドル×CR110円／ドル＝950

(注) 有価証券自体の発生は認識せず，約定日から決算日までの時価の変動のみ認識する。

(2) B社株式（売買目的有価証券，保有目的区分の変更）

① 保有目的変更（未処理，その他有価証券 → 売買目的有価証券）

(借)	有価証券	8,100(*1)	(貸)	投資有価証券	8,300
	投資有価証券評価損益	200(*2)			

(*1) 変更時の時価

(*2) 取得原価8,300－8,100(*1)＝200

(注) 振替時の評価差額は，その他有価証券の評価差額について採用していた会計処理方法にかかわらず，損益計算書に計上する。なお，当該差額を「有価証券評価損益」勘定で処理する場合も考えられるが，本問では，どちらで会計処理を行っても解答数値は同額となる。

② 決算整理

(借)	有価証券	800	(貸)	有価証券評価損益	800(*3)

(*3) 当期末時価8,900－8,100(*1)＝800

(3) C社社債（その他有価証券，時価ヘッジ）

① 取得時

(借) 投資有価証券	63,000	(貸) 現金預金	63,000

② ヘッジ取引開始時（債券先物）

仕　訳　な　し

③ 決算整理

i C社社債（時価ヘッジ）

(借) 投資有価証券評価損益	4,000(*1)	(貸) 投資有価証券	4,000

(*1) 取得原価63,000－当期末時価59,000＝4,000

ii 債券先物

(借) 先物取引	3,600	(貸) 投資有価証券評価損益	3,600(*2)

(*2) 先物価格(×7年5月1日61,000－×8年3月31日57,400)＝3,600

(注) ヘッジ手段に係る損益は，ヘッジ対象の損益区分と同一区分で表示する。

4．貸付金

(1) 対W社貸付金（貸倒懸念債権，キャッシュ・フロー見積法）

① 前期決算整理

(借) 貸倒引当金繰入額	22,633(*1)	(貸) 貸倒引当金	22,633

(*1) 400,000－377,367(*2)＝22,633

(*2) $\frac{4,000(*3)}{1.04}+\frac{404,000(*4)}{(1.04)^2}$＝377,366.863… → 377,367（四捨五入）

(*3) 400,000×１％＝4,000

(*4) 400,000＋4,000(*3)＝404,000

◎ 前T/B 貸倒引当金：22,633(*1)

② 利払時

(借) 現金預金	4,000	(貸) 受取利息配当金	4,000(*3)

③ 決算整理

ⅰ 貸倒引当金の設定

(借) 貸倒引当金	11,095	(貸) 受取利息配当金	11,095(*5)

(*5) 388,462(*6)－377,367(*2)＝11,095

(*6) $\frac{404,000(*4)}{1.04}$＝388,461.538… → 388,462（四捨五入）

(注) 時の経過による債権の変動額は，原則として受取利息として処理する。

ⅱ 長期から短期への振替

(借) 短期貸付金	400,000	(貸) 長期貸付金	400,000

(2) 対V社貸付金（貸倒懸念債権，キャッシュ・フロー見積法）

① 取得時

（借）	長期貸付金	196,228	（貸）	現金預金	196,228

② 利払時（償却原価法，利息法）

（借）	現金預金	6,000(*2)	（貸）	受取利息配当金	7,849(*1)
	長期貸付金	1,849(*3)			

(*1) 帳簿価額196,228×実効利子率４％＝7,849.12 → 7,849（四捨五入）

(*2) 額面200,000×債権金額に対する利率３％＝6,000

(*3) 7,849(*1)－6,000(*2)＝1,849

③ 決算整理

（借）	貸倒引当金繰入額	13,166(*4)	（貸）	貸倒引当金	13,166

(*4) 帳簿価額198,077(*5)－184,911(*6)＝13,166

(*5) 196,228＋1,849(*3)＝198,077

(*6) $\frac{200,000}{(1.04)^2}$＝184,911.242… → 184,911（四捨五入）

（注） キャッシュ・フロー見積法は，元利金のキャッシュ・フロー全体の割引現在価値を債権の元本と捉える考え方に基づいた処理である。

本問においては，条件緩和前の将来キャッシュ・フローを，債権取得当初の実効利子率４％で割り引いた現在価値が，条件緩和直前の対V社貸付金の帳簿価額 198,077(*5)に一致する。したがって，条件緩和による債権価値の減少額を算定するためには，条件緩和後の将来キャッシュ・フローを，債権取得当初の実効利子率４％で割り引き，条件緩和直前の帳簿価額198,077(*5)と比較する必要がある。

５．商品売買

（借）	仕入	42,000	（貸）	繰越商品	42,000
	繰越商品	38,000		仕入	38,000

Ⅲ．決算整理後残高試算表

決算整理後残高試算表

現金預金	947,260	買掛金	111,000
売掛金	159,000	貸倒引当金	24,704
有価証券	7,950	長期借入金	600,000
繰越商品	38,000	建物減価償却累計額	3,662,400
短期貸付金	400,000	備品減価償却累計額	435,000
先物取引	3,600	資本金	3,500,000
建物	6,500,205	資本準備金	1,200,000
備品	865,070	繰越利益剰余金	1,825,004
土地	2,289,265	売上	1,910,000
投資有価証券	59,000	受取利息配当金	26,095
長期貸付金	198,077	有価証券利息	3,150
仕入	1,364,000		
営業費	123,000		
建物減価償却費	130,800		
備品減価償却費	108,750		
支払利息	24,000		
有価証券評価損益	150		
投資有価証券評価損益	600		
貸倒引当金繰入額	13,166		
減損損失	65,460		
合　　　計	13,297,353	合　　　計	13,297,353

Ⅳ．解答数値の算定（ **問 1** ～ **問 5** ）

B/S 建物（減価償却累計額控除後）：

建物6,500,205－建物減価償却累計額3,662,400＝2,837,805

P/L 減損損失：65,460

P/L 有価証券評価損と投資有価証券評価損の合計額：

有価証券評価損150＋投資有価証券評価損600＝750

P/L 受取利息配当金：26,095

B/S 貸倒引当金：24,704

問題 52

問1 正解 4　問2 正解 1　問3 正解 3　問4 正解 3
問5 正解 2　問6 正解 2　問7 正解 6

本問のポイント　連結財務諸表（子会社が保有する自己株式，評価差額の実現，持分法から連結への移行），
企業結合（その他有価証券評価差額金を計上している子会社との合併）

▼解　説▼　（単位：千円）

Ⅰ．X４年度のA社に係る連結修正仕訳等

1．評価差額の計上

（借）	土　　地	7,000(*1)	（貸）	繰延税金負債	2,800(*2)
				評価差額	4,200

(*1) X１年３月31日時価57,000－簿価50,000＝7,000

(*2) 7,000(*1)×実効税率40％＝2,800

2．タイムテーブル

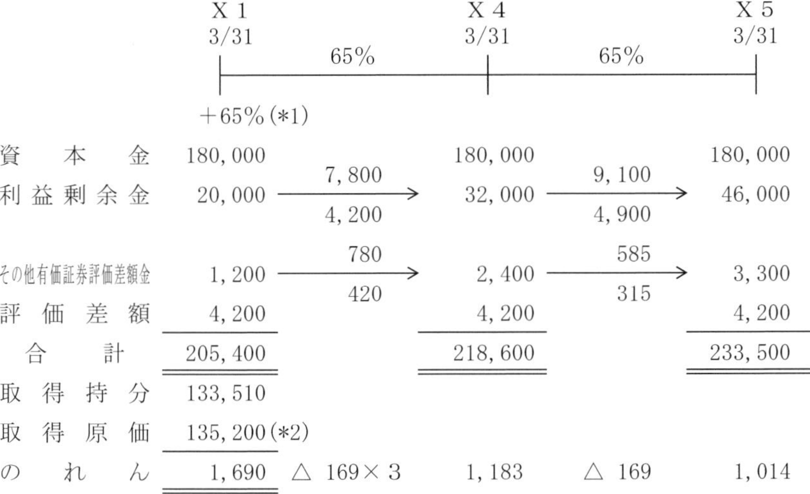

	X1 3/31		X4 3/31		X5 3/31
	+65%(*1)	65%		65%	
資本金	180,000		180,000		180,000
利益剰余金	20,000	7,800 → 4,200	32,000	9,100 → 4,900	46,000
その他有価証券評価差額金	1,200	780 → 420	2,400	585 → 315	3,300
評価差額	4,200		4,200		4,200
合計	205,400		218,600		233,500
取得持分	133,510				
取得原価	135,200(*2)				
のれん	1,690	△169×3	1,183	△169	1,014

(*1) 取得株式数5,200株÷発行済株式総数8,000株＝65％

(*2) 支配獲得時時価@26×取得株式数5,200株＝135,200

3．開始仕訳

(1) Ｘ０年度末（65％取得）

（借）	資本金当期首残高	180,000	（貸）	Ａ　社　株　式	135,200
	利益剰余金当期首残高	20,000		非支配株主持分当期首残高	71,890(*1)
	その他有価証券評価差額金当期首残高	1,200			
	評　価　差　額	4,200			
	の　れ　ん	1,690			

(*1) T/T 資本合計205,400×非支配株主持分比率35％＝71,890

(2) Ｘ１年度～Ｘ３年度

① 支配獲得後利益剰余金の振替

（借）	利益剰余金当期首残高	4,200	（貸）	非支配株主持分当期首残高	4,200

② その他有価証券評価差額金の非支配株主持分への振替

（借）	その他有価証券評価差額金当期首残高	420	（貸）	非支配株主持分当期首残高	420

③ のれんの償却

（借）	利益剰余金当期首残高	507(*1)	（貸）	の　れ　ん	507

(*1) 169×３年＝507

(3) (1)＋(2) → 開始仕訳

（借）	資本金当期首残高	180,000	（貸）	Ａ　社　株　式	135,200
	利益剰余金当期首残高	24,707		非支配株主持分当期首残高	76,510(*1)
	その他有価証券評価差額金当期首残高	1,620			
	評　価　差　額	4,200			
	の　れ　ん	1,183			

(*1) T/T 資本合計218,600×非支配株主持分比率35％＝76,510

4．当期純利益の按分

（借）	非支配株主に帰属する当期純損益	4,900(*1)	（貸）	非支配株主持分当期変動額	4,900

(*1) 利益剰余金（Ｘ５年３月31日46,000－Ｘ４年３月31日32,000）

×非支配株主持分比率35％＝4,900

5．その他有価証券評価差額金の非支配株主持分への振替

(借)	その他有価証券評価差額金当期変動額	315(*1)	(貸)	非支配株主持分当期変動額	315

(*1) その他有価証券評価差額金(X５年３月31日3,300
－X４年３月31日2,400)×非支配株主持分比率35%＝315

6．のれんの償却

(借)	のれん償却額	169	(貸)	のれん	169

Ⅱ．合　併（X５年４月１日）

1．タイムテーブル

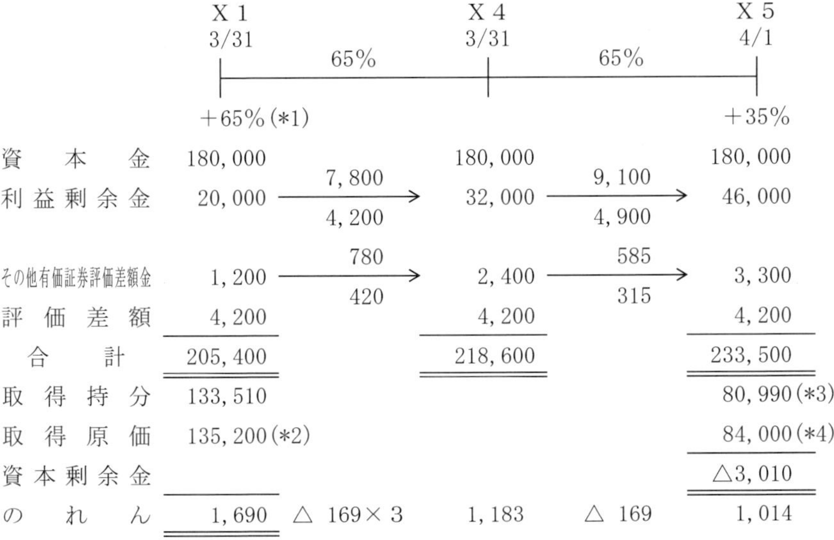

	X1 3/31	65%	X4 3/31	65%	X5 4/1
	+65%(*1)				+35%
資本金	180,000		180,000		180,000
利益剰余金	20,000	7,800 → 4,200	32,000	9,100 → 4,900	46,000
その他有価証券評価差額金	1,200	780 → 420	2,400	585 → 315	3,300
評価差額	4,200		4,200		4,200
合計	205,400		218,600		233,500
取得持分	133,510				80,990(*3)
取得原価	135,200(*2)				84,000(*4)
資本剰余金					△3,010
のれん	1,690	△ 169×３	1,183	△ 169	1,014

(*1) 取得株式数5,200株÷発行済株式総数8,000株＝65%

(*2) 支配獲得時時価@26×取得株式数5,200株＝135,200

(*3) T/T 資本合計233,500×非支配株主持分比率35%－735(*5)＝80,990

(注) 非支配株主持分に係るその他有価証券評価差額金を除く点に注意すること。

(*4) @30×2,800株＝84,000

(*5) T/T より420＋315＝非支配株主に係るその他有価証券評価差額金735

2．合併仕訳

本問では，資産及び負債の金額が与えられていないため，解答上，「A社純資産」を用いて仕訳を示す。

(1) NR社持分（共通支配下の取引として扱う部分）

(借)	A 社 純 資 産	151,775(*1)	(貸)	A 社 株 式	135,200
	の れ ん	1,014(*2)		その他有価証券評価差額金	1,365(*3)
				利 益 剰 余 金 (抱合株式消滅差益)	16,224(*4)

(*1) T/T 資本合計233,500×NR社持分比率65％＝151,775

(*2) 連結上の「のれん未償却額」

(*3) (3,300－1,200)×NR社持分比率65％＝1,365

(注) その他有価証券評価差額金のうち，投資と資本の相殺消去の対象とされていない金額（支配獲得後その他有価証券評価差額金）は引き継ぐ。

(*4) (T/T 資本合計233,500×NR社持分比率65％
－その他有価証券評価差額金1,365(*3)
＋のれん未償却額1,014(*2))－抱合株式135,200＝16,224

又は，NR社に帰属する支配獲得後利益剰余金(7,800＋9,100)
－のれん償却額(169×４年)＝16,224

(注) 親会社持分相当額（その他有価証券評価差額金を除く）と親会社が合併直前に保有していた子会社株式（抱合せ株式）の適正な帳簿価額との差額を「抱合株式消滅差損益」として特別損益に計上する。

(2) 非支配株主持分（非支配株主との取引として扱う部分）

（借）	A社純資産	81,725(*5)	（貸）	その他有価証券評価差額金	735(*6)
	資本剰余金	3,010(*8)		資本金	84,000(*7)

(*5) T/T 資本合計233,500×非支配株主持分比率35％＝81,725

(*6) (3,300－1,200)×非支配株主持分比率35％＝735

（注） その他有価証券評価差額金のうち，投資と資本の相殺消去の対象とされていない金額（支配獲得後その他有価証券評価差額金）は引き継ぐ。

(*7) 企業結合日の時価@30×2,800株＝84,000

(*8) 取得の対価84,000(*7)

－(T/T 資本合計233,500×非支配株主持分比率35％

－その他有価証券評価差額金735(*6))＝3,010

（注） 非支配株主持分相当額（その他有価証券評価差額金を除く）と，取得の対価（非支配株主に交付した親会社株式の時価）との差額を，「資本剰余金」とする。

(3) 合併仕訳（(1)＋(2)）

（借）	A社純資産	233,500	（貸）	資本金	84,000(*7)
	のれん	1,014(*2)		A社株式	135,200
	資本剰余金	3,010(*8)		その他有価証券評価差額金	2,100(*9)
				利益剰余金 (抱合株式消滅差益)	16,224(*4)

(*9) 3,300－支配獲得時その他有価証券評価差額金1,200

＝支配獲得後その他有価証券評価差額金2,100

Ⅲ．Ｘ４年度のＢ社に係る連結修正仕訳等

１．評価差額の計上及び実現

(借)	土　　　　地	20,000(*1)	(貸)	繰延税金負債	8,000(*2)
				評　価　差　額	12,000
(借)	土地売却益	7,000	(貸)	土　　　　地	7,000(*3)
(借)	繰延税金負債	2,800(*4)	(貸)	法人税等調整額	2,800

(*1)　Ｘ２年３月31日時価152,000－簿価132,000＝20,000

(*2)　20,000(*1)×実効税率40％＝8,000

(*3)　$20,000(*1) \times \frac{\text{売却した土地の簿価}46,200}{\text{時価評価した土地の簿価}132,000} = 7,000$

(*4)　7,000(*3)×実効税率40％＝2,800

２．自己株式取得後持分比率の算定

$$\frac{8,400\text{株}}{12,000\text{株}-\text{取得}800\text{株}} = 75\%$$

3．タイムテーブル

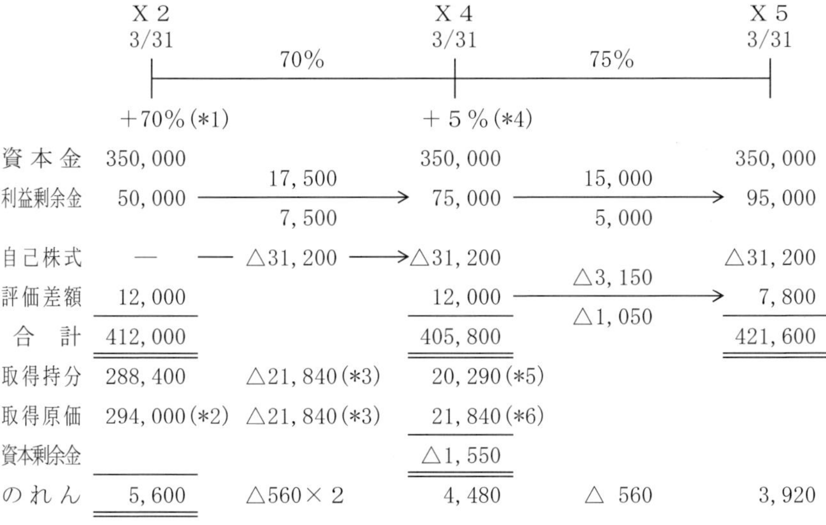

	X 2 3/31 ＋70％(*1)	70％	X 4 3/31 ＋５％(*4)	75％	X 5 3/31
資本金	350, 000		350, 000		350, 000
利益剰余金	50, 000	17, 500 → 7, 500	75, 000	15, 000 → 5, 000	95, 000
自己株式	—	— △31, 200 →	△31, 200		△31, 200
評価差額	12, 000		12, 000	△3, 150 → △1, 050	7, 800
合　計	412, 000		405, 800		421, 600
取得持分	288, 400	△21, 840(*3)	20, 290(*5)		
取得原価	294, 000(*2)	△21, 840(*3)	21, 840(*6)		
資本剰余金			△1, 550		
のれん	5, 600	△560×２	4, 480	△　560	3, 920

(*1)　$\frac{8,400株}{12,000株}$＝70％

(*2)　支配獲得時時価@35×取得株式数8, 400株＝294, 000

(*3)　自己株式31, 200×自己株式取得前ＮＲ社持分比率70％(*1)＝21, 840

(*4)　自己株式取得後ＮＲ社持分比率75％
－自己株式取得前ＮＲ社持分比率70％(*1)＝５％

(*5)　T/T 資本合計405, 800×ＮＲ社持分増加比率５％(*4)＝20, 290

(*6)　21, 840(*3)－実際取得額０＝21, 840

4．開始仕訳

(1) X１年度末（70%取得）

(借)	資本金当期首残高	350,000	(貸)	B　社　株　式	294,000
	利益剰余金当期首残高	50,000		非支配株主持分当期首残高	123,600(*1)
	評　価　差　額	12,000			
	の　れ　ん	5,600			

(*1) T/T 資本合計412,000×非支配株主持分比率30%＝123,600

(2) X２年度～X３年度

① 支配獲得後利益剰余金の振替

(借)	利益剰余金当期首残高	7,500	(貸)	非支配株主持分当期首残高	7,500

② のれんの償却

(借)	利益剰余金当期首残高	1,120(*1)	(貸)	の　れ　ん	1,120

(*1) 560×２年＝1,120

③ 子会社の自己株式の取得

(借)	非支配株主持分当期首残高	29,650(*1)	(貸)	自己株式当期首残高	31,200
	資本剰余金当期首残高	1,550			

(*1) 自己株式31,200×自己株式取得前非支配株主持分比率30%
＋T/T 資本合計405,800×ＮＲ社持分増加比率５％＝29,650

(3) (1)＋(2) → 開始仕訳

(借)	資本金当期首残高	350,000	(貸)	自己株式当期首残高	31,200
	資本剰余金当期首残高	1,550		B　社　株　式	294,000
	利益剰余金当期首残高	58,620		非支配株主持分当期首残高	101,450(*1)
	評　価　差　額	12,000			
	の　れ　ん	4,480			

(*1) T/T 資本合計405,800×非支配株主持分比率25%＝101,450

5．当期純利益の按分

(借) 非支配株主に帰属する当期純損益	3,950(*1)	(貸) 非支配株主持分当期変動額	3,950

(*1) 土地売却益修正後当期純利益15,800(*2)×非支配株主持分比率25%
＝3,950

(*2) 利益剰余金（X５年３月31日95,000－X４年３月31日75,000）
－土地売却益の修正7,000×（１－実効税率40%）＝15,800

6．のれんの償却

(借) のれん償却額	560	(貸) の れ ん	560

XXII 総合問題

Ⅳ．Ｘ４年度のＣ社に係る連結修正仕訳等

1．評価差額の計上

支配獲得時（Ｘ４年３月31日）において時価評価をやり直す。

（借）土　　　地	6,000(*1)	（貸）繰延税金負債	2,400(*2)
		評　価　差　額	3,600

(*1) Ｘ４年３月31日時価76,000－簿価70,000＝6,000

(*2) 6,000(*1)×実効税率40％＝2,400

2．タイム・テーブル

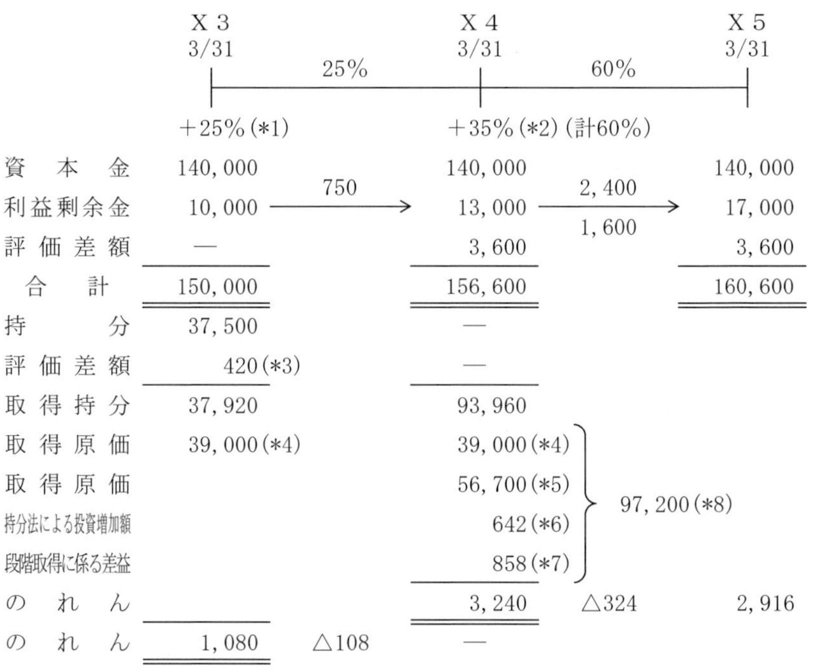

	Ｘ３ 3/31	25%	Ｘ４ 3/31	60%	Ｘ５ 3/31
	＋25％(*1)		＋35％(*2)（計60％）		
資本金	140,000		140,000		140,000
利益剰余金	10,000	→ 750	13,000	→ 2,400 / 1,600	17,000
評価差額	—		3,600		3,600
合計	150,000		156,600		160,600
持分	37,500		—		
評価差額	420(*3)		—		
取得持分	37,920		93,960		
取得原価	39,000(*4)		39,000(*4)	97,200(*8)	
取得原価			56,700(*5)		
持分法による投資増加額			642(*6)		
段階取得に係る差益			858(*7)		
のれん			3,240	△324	2,916
のれん	1,080	△108	—		

(*1) 取得株式数750株÷発行済株式総数3,000株＝25％

(*2) 追加取得株式数1,050株÷発行済株式総数3,000株＝35％

(*3) Ｘ３年３月31日(時価72,800－簿価70,000)×ＮＲ社持分比率25％
×(1－実効税率40％)＝420

(*4) Ｘ３年３月31日時価＠52×取得株式数750株＝39,000

(*5) 支配獲得時時価＠54×追加取得株式数1,050株＝56,700

(*6) 投資後利益剰余金のうちＮＲ社帰属分750－のれん償却額108＝642

(*7) 支配獲得時時価＠54×(750株＋1,050株)
－(95,700(*5)＋持分法による投資増加額642(*6))＝858

(*8) 支配獲得時時価＠54×(750株＋1,050株)＝連結上の取得原価97,200

(*9) 個別上の取得原価(39,000＋56,700)＋持分法による投資増加額642(*6)
＝96,342

3．開始仕訳

(1) 投資後利益剰余金の認識

(借) C 社 株 式	750	(貸) 利益剰余金当期首残高	750

(2) のれんの償却

(借) 利益剰余金当期首残高	108	(貸) C 社 株 式	108

(3) 持分法から連結への移行及び投資と資本の相殺消去

① C社株式の評価替え

(借) C 社 株 式	858	(貸) 利益剰余金当期首残高 (段階取得に係る差益)	858

XXII 総合問題

② 連結上の取得原価による投資と資本の相殺消去

(借)	資本金当期首残高	140,000	(貸)	C 社 株 式	97,200(*1)
	利益剰余金当期首残高	13,000		非支配株主持分当期首残高	62,640(*2)
	評 価 差 額	3,600			
	の れ ん	3,240(*3)			

(*1) 支配獲得時時価@54×(750株＋1,050株)＝連結上の取得原価97,200
又は，持分法上の簿価96,342(*4)＋段階取得に係る差益858
＝連結上の取得原価97,200

(*2) T/T 資本合計156,600×非支配株主持分比率40%＝62,640

(*3) 連結上の取得原価97,200(*1)－取得持分93,960(*5)＝3,240

(*4) 個別上の取得原価(39,000＋56,700)＋持分法による投資増加額642
＝96,342

(*5) T/T 資本合計156,600×ＮＲ社持分比率60%＝93,960

(4) (1)～(3)の合計 → 開始仕訳

(借)	資本金当期首残高	140,000	(貸)	C 社 株 式	95,700(*6)
	利益剰余金当期首残高	11,500(*7)		非支配株主持分当期首残高	62,640(*2)
	評 価 差 額	3,600			
	の れ ん	3,240(*3)			

(*6) 39,000＋56,700＝個別上の取得原価95,700

(*7) Ｘ４年３月31日利益剰余金13,000－持分法による投資増加額642
－段階取得に係る差益858＝11,500

4．当期純利益の按分

(借)	非支配株主に帰属する当期純損益	1,600(*1)	(貸)	非支配株主持分当期変動額	1,600

(*1) 利益剰余金(Ｘ５年３月31日17,000－Ｘ４年３月31日13,000)
×非支配株主持分比率40%＝1,600

5．のれんの償却

(借) のれん償却額	324(*1)	(貸) の　れ　ん	324

(*1) 3,240÷10年＝324

(注) 支配獲得時におけるのれんは，支配獲得時における取得持分と投資額の差額として算定され，支配獲得時から新たな償却期間にわたり償却する。

Ⅴ．解答数値の算定

問 1　X４年度の連結損益計算書における「のれん償却額」の金額

A社T/T 169＋B社T/T 560＋C社T/T 324＝1,053

問 2　X４年度の連結損益計算書における「非支配株主に帰属する当期純利益」の金額

A社T/T 4,900＋B社T/T (5,000－1,050)
＋C社T/T 1,600＝10,450

問 3　X４年度の連結貸借対照表における「土地」の金額

NR社500,000＋A社(簿価50,000＋評価差額7,000)
＋B社{簿価85,800＋評価差額(20,000－実現分7,000)}
＋C社(簿価70,000＋評価差額6,000)＝731,800

問 4　Ｘ４年度の連結貸借対照表における「利益剰余金」の金額

ＮＲ社1, 050, 000
　＋Ａ社T/T ｛7, 800＋9, 100－のれん償却額(169×４年)｝
　＋Ｂ社T/T ｛17, 500＋15, 000－3, 150－のれん償却額(560×３年)｝
　＋Ｃ社T/T (持分法による投資増加額642
　　＋段階取得に係る差益858＋2, 400
　　－のれん償却額324)＝1, 097, 470

問 5　Ｘ４年度の連結貸借対照表における「非支配株主持分」の金額

Ａ社T/T 資本合計233, 500×Ａ社非支配株主持分比率35％
　＋Ｂ社T/T 資本合計421, 600×Ｂ社非支配株主持分比率25％
　＋Ｃ社T/T 資本合計160, 600×Ｃ社非支配株主持分比率40％
　＝251, 365

問 6　合併後のＮＲ社個別貸借対照表における「資本剰余金」の金額

300, 000－Ａ社の合併による計上額3, 010＝296, 990

問 7　合併後ＮＲ社個別貸借対照表における
「その他有価証券評価差額金」の金額

ＮＲ社4, 500＋Ａ社の合併による計上額2, 100＝6, 600

問題 53

問1 正解 3　問2 正解 1　問3 正解 1　問4 正解 6
問5 正解 4　問6 正解 2　問7 正解 1

本問のポイント　連結財務諸表（子会社が保有する親会社株式，間接所有，事業分離（受取対価が株式の場合），段階取得）

▼解　説▼　（単位：千円）

Ⅰ．B社に係る連結修正仕訳等

1．タイム・テーブル

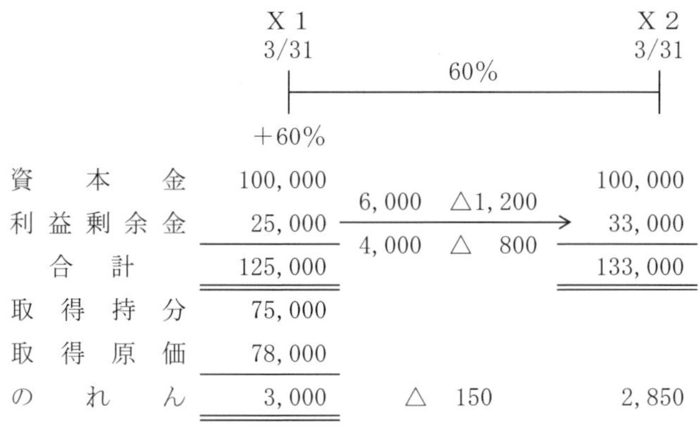

2．開始仕訳

（借）	資本金当期首残高	100,000	（貸）	B　社　株　式	78,000
	利益剰余金当期首残高	25,000		非支配株主持分当期首残高	50,000（*1）
	の　れ　ん	3,000			

（*1）T/T 資本合計125,000×非支配株主持分比率40％＝50,000

3．当期純利益の按分

（借）	非支配株主に帰属する当期純損益	4,000（*1）	（貸）	非支配株主持分当期変動額	4,000

（*1）10,000×非支配株主持分比率40％＝4,000

4．のれんの償却

（借）	の れ ん 償 却 額	150（*1）	（貸）	の　れ　ん	150

（*1）3,000÷最長償却期間20年＝150

5．剰余金の配当

（借）	受 取 利 息 配 当 金	1,200（*1）	（貸）	剰 余 金 の 配 当	2,000
	非支配株主持分当期変動額	800（*2）			

（*1）2,000×A社持分比率60％＝1,200

（*2）2,000×非支配株主持分比率40％＝800

6．固定資産

(1) 未実現損益の消去

(借) 土地売却益	2,000(*1)	(貸) 土地	2,000

(*1) 売却価額10,000－簿価8,000＝2,000

(2) 孫会社Ｂ社の非支配株主への按分

(借) 非支配株主持分当期変動額	800(*2)	(貸) 非支配株主に帰属する当期純損益	800

(*2) 2,000(*1)×Ｂ社非支配株主持分比率40%＝800

(3) 子会社Ａ社の非支配株主への按分

(借) 非支配株主持分当期変動額	240(*3)	(貸) 非支配株主に帰属する当期純損益	240

(*3) (2,000(*1)－800(*2))×Ａ社非支配株主持分比率20%＝240

(注) (2) 及び(3) をまとめて以下のように処理しても良い。

(借) 非支配株主持分当期変動額	1,040(*4)	(貸) 非支配株主に帰属する当期純損益	1,040

(*4) 2,000(*1)×52%(*5)＝1,040

(*5) Ｂ社非支配株主持分比率40%

＋Ｂ社に対するＡ社持分比率60%×Ａ社非支配株主持分比率20%＝52%

又は，１－Ｂ社に対するＡ社持分比率60%

×Ａ社に対するＰ社持分比率80%＝52%

Ⅱ．Ａ社に係る連結修正仕訳等

1．組替修正仕訳

(1) 評価差額の計上

(借) 土地	4,000(*1)	(貸) 評価差額	4,000

(*1) 時価54,000－簿価50,000＝4,000

(2) Ｐ社株式（親会社株式）に係る評価差額の振戻

(借) その他有価証券評価差額金	3,500	(貸) Ｐ社株式	3,500(*2)

(*2) 時価37,500－取得原価34,000＝3,500

2．タイム・テーブル

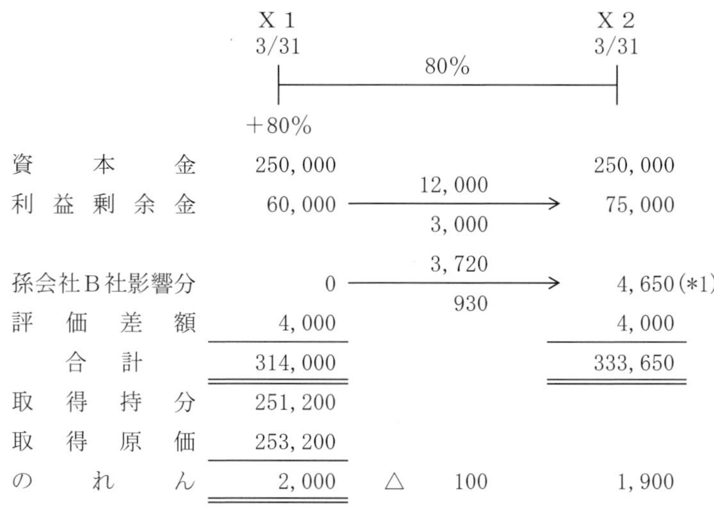

(*1) 孫会社B社T/T より，6,000－1,200－150＝4,650

3．開始仕訳

(借)	資本金当期首残高	250,000	(貸)	A　社　株　式	253,200
	利益剰余金当期首残高	60,000		非支配株主持分当期首残高	62,800(*1)
	評　価　差　額	4,000			
	の　れ　ん	2,000			

(*1) T/T 資本合計314,000×非支配株主持分比率20%＝62,800

4．当期純利益の按分

(借)	非支配株主に帰属する当期純損益	3,930(*1)	(貸)	非支配株主持分当期変動額	3,930

(*1)(A社当期純利益15,000(*2)＋孫会社B社影響分4,650)

×非支配株主持分比率20%＝3,930

(*2) T/T 利益剰余金(75,000－60,000)＝15,000

５．のれんの償却

(借) のれん償却額	100(*1)	(貸) の　れ　ん	100

(*1) 2,000÷最長償却期間20年＝100

６．Ｐ社株式（親会社株式）の自己株式への振替及び非支配株主への按分

(借) 自己株式の取得 (自己株式当期変動額)	27,200(*1)	(貸) Ｐ　社　株　式	34,000
非支配株主持分当期変動額	6,800(*2)		

(*1) 取得原価34,000×Ｐ社持分比率80％＝27,200

(*2) 取得原価34,000×非支配株主持分比率20％＝6,800

Ⅲ．C社に係る連結修正仕訳等

1．個別上の処理（p事業の分離）

(1) P　社

(借)	C　社　株　式	175,000(*1)	(貸) p 事 業 諸 資 産	176,100
	その他有価証券評価差額金	1,100		

(*1) p事業の株主資本相当額

(注) 分離先企業が子会社となる場合，分離元企業が受け取った分離先企業の株式の取得原価は，「移転事業に係る株主資本相当額（その他有価証券評価差額金は含まない）」に基づいて算定する。

(2) C　社（逆取得）

(借)	p 事 業 諸 資 産	176,100(*2)	(貸) 資　　本　　金	175,000(*1)
			その他有価証券評価差額金	1,100

(*2) p事業諸資産の簿価

(注) 移転された事業に係る評価・換算差額等については，分離元企業の移転直前の適正な帳簿価額を引継ぐ。

XXII 総合問題

2．連結上の処理

(1) 事業分離後持分比率の算定

	分離前		分離後
C　社 (10,000株)	10%	＋65% →	75% (*1)
p 事業 (26,000株)	100%	△25% →	75% (*1)

(*1) $\dfrac{\text{P社保有株式数(10,000株×10\%＋26,000株)}}{\text{C社発行済株式数(10,000株＋26,000株)}}$ ＝75%

(2) 評価差額の計上

(借) 土　　地	1,000(*2)	(貸) 評　価　差　額	1,000

(*2) 支配獲得時(時価21,000－簿価20,000)＝1,000

(3) タイム・テーブル

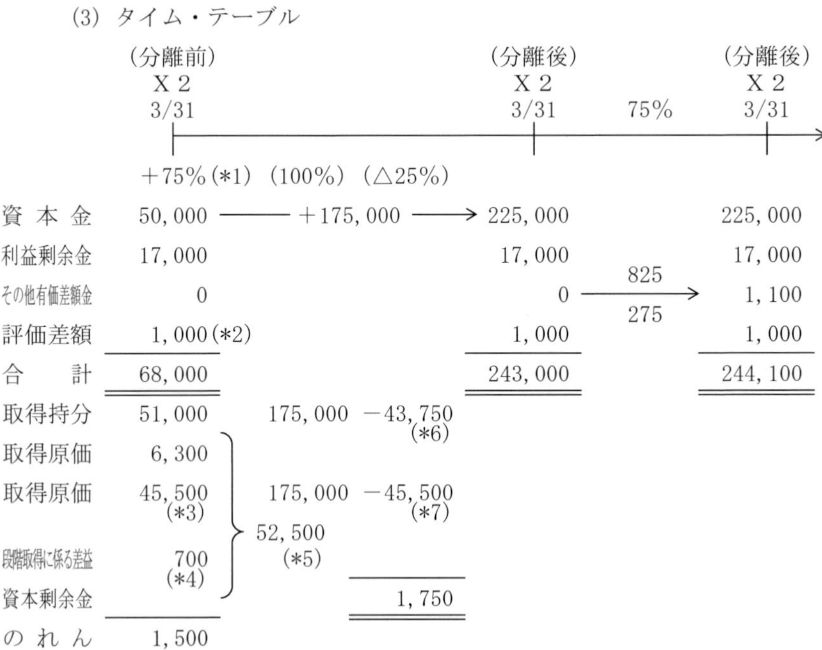

(*3) Ｃ社の事業分離直前の時価70,000(*8)×Ｐ社追加取得比率65%＝45,500

(*4) 分離先企業に対するみなし投資額52,500(*5)

－適正な帳簿価額(6,300＋45,500(*3))＝700

又は，事業分離前保有分(連結上の取得原価7,000(*9)

－個別上の取得原価6,300)＝700

(*5) 事業分離前保有分(連結上の取得原価)7,000(*9)

＋事業分離による取得分45,500(*3)＝52,500

(*6) ｐ事業の株主資本相当額175,000×ｐ事業に係るＰ社持分減少比率25%

＝43,750

(*7) ｐ事業時価182,000×ｐ事業に係るＰ社持分減少比率25%＝45,500

(注) 「みなし移転事業額45,500(*7)」は「分離前保有分を除く分離先企業に対するみなし投資額45,500(*3)」と同額となる。

(*8) 支配獲得時株価@7,000円×Ｃ社事業分離前発行済株式数10,000株

＝70,000

(*9) 支配獲得時株価@7,000円×Ｃ社事業分離前発行済株式数10,000株

×10%＝7,000

(3) 連結修正仕訳

① 段階取得に係る差損益の認識

(借)	C社株式	700(*4)	(貸)	利益剰余金 (段階取得に係る差益)	700

(注) 「分離先企業に対するみなし投資額」と「その適正な帳簿価額」との差額は「段階取得に係る差損益」として処理する。

② 投資と資本の相殺(C社にパーチェス法を適用)

(借)	資本金	50,000	(貸)	C社株式	52,500(*5)
	利益剰余金	17,000		非支配株主持分	17,000(*10)
	評価差額	1,000(*2)			
	のれん	1,500(*11)			

(*10) T/T 資本合計68,000×非支配株主持分比率25%=17,000

(*11) 分離先企業に対するみなし投資額52,500(*5)

－P社持分増加額51,000(*12)=1,500

(*12) T/T 資本合計68,000×P社持分比率75%(*1)=51,000

(注) 「分離先企業に対するみなし投資額」と，これに対応する「分離先企業の事業分離直前の資本」との差額は「のれん」とする。

③　移転事業に係る投資と資本の相殺

（その他有価証券評価差額金は含まない）

(借) 資　本　金	175,000	(貸) C　社　株　式	129,500(*13)
		非支配株主持分	43,750(*14)
		資　本　剰　余　金	1,750(*15)

(*13) C社株式取得原価175,000－45,500(*3)＝129,500

(*14) 事業分離後非支配株主持分60,750－事業分離前非支配株主持分17,000
＝43,750

又は，ｐ事業株主資本相当額175,000
×ｐ事業に係るＰ社持分減少比率25％＝43,750

(*15) みなし移転事業額45,500(*7)
－ｐ事業に係るＰ社持分減少額43,750(*14)＝1,750

又は，ｐ事業(時価182,000－株主資本相当額175,000)
×ｐ事業に係るＰ社持分減少比率25％＝1,750

④　その他有価証券評価差額金の按分

(借) その他有価証券評価差額金	275(*16)	(貸) 非支配株主持分	275

(*16) ｐ事業に係るその他有価証券評価差額金1,100
×非支配株主持分比率25％＝275

XXII 総合問題

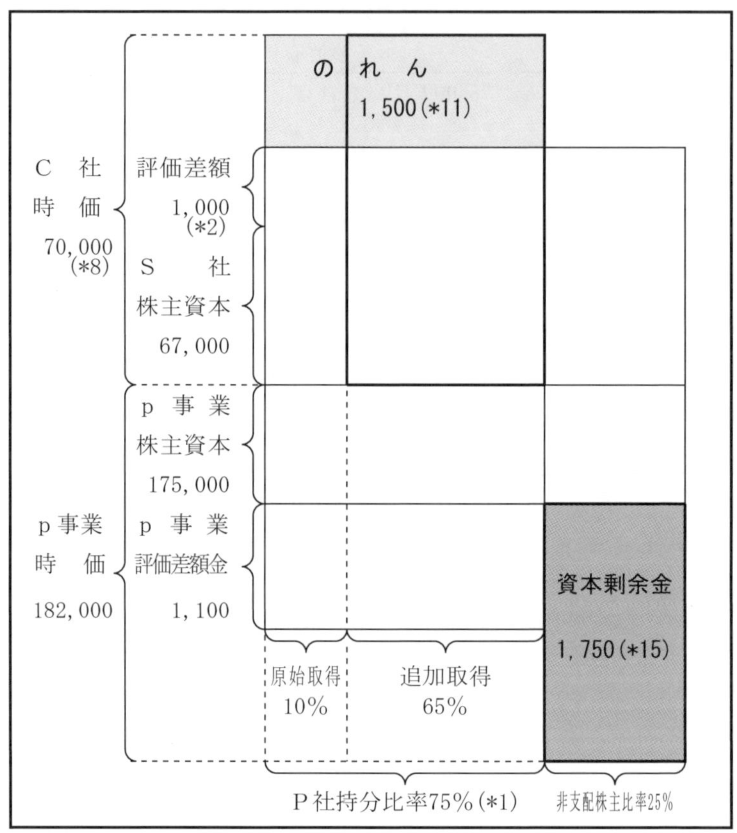
のれん
1,500(*11)
C社
時価
70,000
(*8)
評価差額
1,000
(*2)
S社
株主資本
67,000
p事業
株主資本
175,000
p事業
時価
182,000
p事業
評価差額金
1,100
資本剰余金
1,750(*15)
原始取得
10%
追加取得
65%
P社持分比率75%(*1)
非支配株主比率25%

Ⅳ．解答数値の算定

問 1　X１年度のＰ社個別貸借対照表における「Ｃ社株式」の金額

6, 300＋175, 000＝181, 300

問 2　X１年度の連結損益計算書における「受取利息配当金」の金額

Ｐ社13, 000＋Ａ社9, 100＋Ｂ社2, 800

－剰余金の配当の相殺1, 200＝23, 700

問 3　X１年度の連結損益計算書における

「非支配株主に帰属する当期純利益」の金額

Ａ社T/T（3, 000＋930）

＋Ｂ社T/T 4, 000－成果連結（800＋240）＝6, 890

問 4　X１年度の連結貸借対照表における「のれん」の金額

Ａ社T/T 1, 900＋Ｂ社T/T 2, 850＋Ｃ社T/T 1, 500＝6, 250

問 5　X１年度の連結貸借対照表における「利益剰余金」の金額

Ｐ社145, 000＋Ａ社T/T（12, 000＋3, 720－100）

＋Ｃ社（段階取得に係る差益700）

－成果連結（2, 000－800－240）＝160, 360

問 6　X１年度の連結貸借対照表における「自己株式」の金額

Ｐ社44, 000

＋Ａ社が保有するＰ社株式のＰ社持分相当額27, 200＝71, 200

問 7　X１年度の連結貸借対照表における

「その他有価証券評価差額金」の金額

Ｃ社T/T 825

公認会計士短答式試験対策シリーズ

アドバンスト問題集 財務会計論 計算問題編 第9版

2008年4月30日　初　版　第1刷発行
2023年9月20日　第9版　第1刷発行

編著者　TAC株式会社
（公認会計士講座）
発行者　多田敏男
発行所　TAC株式会社　出版事業部
（TAC出版）
〒101-8383
東京都千代田区神田三崎町3-2-18
電話03(5276)9492(営業)
FAX 03(5276)9674
https://shuppan.tac-school.co.jp
印刷　株式会社ワコー
製本　東京美術紙工協業組合

ISBN 978-4-300-10538-2
N.D.C. 336

スクール選びで合否が決まる!

［東京会場］
東京マリオットホテル

実績で選ぶならTAC!

令和4年度　公認会計士試験
TAC 合格祝賀パーティー

［大阪会場］
ホテル阪急インターナショナ

新試験制度制定後
2006年〜2022年
公認会計士論文式試験

TAC本科生合格者
累計実績※

9,717名※

2006年 633名 + 2007年 1,320名 + 2008年 1,170名 + 2009年 806名 + 2010年 885名 + 2011年 554名 + 2012年 550名 + 2013年 458名
+ 2014年 415名 + 2015年 372名 + 2016年 385名 + 2017年 352名 + 2018年 357名 + 2019年 360名 + 2020年 401名 + 2021年 289名 + 2022年 410名

※ TAC本科生合格者とは、目標年度の試験に合格するために必要と考えられる講義・答案練習・公開模試・試験委員対策・法令改正等をパッケージ化したTACのコースにおいて、合格に必要な科目を全て受講し、かつ最終合格された方を指します。なお、過年度の科目合格者が最終合格された場合、①合格に必要な科目をTACで全て受講し、かつ②受講した年度に科目合格している方は合格者に含めています。

※ 写真は2022年合格祝賀パーティーのものです。

(2021年7月現在)

書籍のご購入は

1 全国の書店、大学生協、ネット書店で

2 TAC各校の書籍コーナーで

資格の学校TACの校舎は全国に展開!
校舎のご確認はホームページにて

資格の学校TAC ホームページ
https://www.tac-school.co.jp

3 TAC出版書籍販売サイトで

TAC 出版 で 検索

24時間
ご注文
受付中

https://bookstore.tac-school.co.jp/

新刊情報を いち早くチェック!

たっぷり読める 立ち読み機能

学習お役立ちの 特設ページも充実!

TAC出版書籍販売サイト「サイバーブックストア」では、TAC出版および早稲田経営出版から刊行されている、すべての最新書籍をお取り扱いしています。

また、無料の会員登録をしていただくことで、会員様限定キャンペーンのほか、送料無料サービス、メールマガジン配信サービス、マイページのご利用など、うれしい特典がたくさん受けられます。

サイバーブックストア会員は、特典がいっぱい!(一部抜粋)

通常、1万円(税込)未満のご注文につきましては、送料・手数料として500円(全国一律・税込)頂戴しておりますが、1冊から無料となります。

専用の「マイページ」は、「購入履歴・配送状況の確認」のほか、「ほしいものリスト」や「マイフォルダ」など、便利な機能が満載です。

メールマガジンでは、キャンペーンやおすすめ書籍、新刊情報のほか、「電子ブック版TACNEWS(ダイジェスト版)」をお届けします。

書籍の発売を、販売開始当日にメールにてお知らせします。これなら買い忘れの心配もありません。

公認会計士試験対策書籍のご案内

TAC出版では、独学用およびスクール学習の副教材として、各種対策書籍を取り揃えています。
学習の各段階に対応していますので、あなたのステップに応じて、合格に向けてご活用ください!

短答式試験対策

・財務会計論【計算問題編】
・財務会計論【理論問題編】
・管理会計論
・監査論
・企業法

『ベーシック問題集』シリーズ A5判

● 短答式試験対策を本格的に始めた方向け、苦手論点の克服、直前期の再確認に最適!

・財務会計論【計算問題編】
・財務会計論【理論問題編】
・監査論
・企業法

『アドバンスト問題集』シリーズ A5判

● 『ベーシック問題集』の上級編。より本試験レベルに対応しています

『財務会計論会計基準 早まくり条文別問題集』

B6変型判

● ○×式の一問一答で会計基準を早まくり
◎ 論文式試験対策にも使えます

論文式試験対策

・財務会計論【計算編】
・管理会計論

『新トレーニング』シリーズ B5判

● 基本的な出題パターンを網羅。効率的な解法による総合問題の解き方を身に付けられます!
◎ 各巻数は、TAC公認会計士講座のカリキュラムにより変動します
◎ 管理会計論は、短答式試験対策にも使えます

過去問題集

『短答式試験 過去問題集』
『論文式試験必修科目 過去問題集』
『論文式試験選択科目 過去問題集』

A5判

● 直近3回分の問題を、ほぼ本試験形式で再現。TAC講師陣による的確な解説付き

企業法対策

**公認会計士試験の中で毛色の異なる法律科目に対して苦手意識のある方向け。
弱点強化、効率学習のためのラインナップです**

入　門

『はじめての会社法』
A5判　田崎 晴久 著

● 法律の知識ゼロの人でも、これ1冊で会社法の基礎がわかる!

短答式試験対策

『企業法早まくり肢別問題集』
B6変型判　田崎 晴久 著

● 本試験問題を肢別に分解、整理。
簡潔な一問一答式で合格に必要な知識を網羅!

・2020年4月現在・刊行内容、装丁等は変更になることがあります
・とくに記述がある商品以外は、TAC公認会計士講座編です

書籍の正誤に関するご確認とお問合せについて

書籍の記載内容に誤りではないかと思われる箇所がございましたら、以下の手順にてご確認とお問合せをしてくださいますよう、お願い申し上げます。
なお、正誤のお問合せ以外の**書籍内容に関する解説および受験指導などは、一切行っておりません。**
そのようなお問合せにつきましては、お答えいたしかねますので、あらかじめご了承ください。

1 「Cyber Book Store」にて正誤表を確認する

TAC出版書籍販売サイト「Cyber Book Store」の
トップページ内「正誤表」コーナーにて、正誤表をご確認ください。

CYBER BOOK STORE TAC出版書籍販売サイト

URL:https://bookstore.tac-school.co.jp/

2 1の正誤表がない、あるいは正誤表に該当箇所の記載がない ⇒ 下記①、②のどちらかの方法で文書にて問合せをする

★ご注意ください★

お電話でのお問合せは、お受けいたしません。
①、②のどちらの方法でも、お問合せの際には、「お名前」とともに、
「対象の書籍名(○級・第○回対策も含む)およびその版数(第○版・○○年度版など)」
「お問合せ該当箇所の頁数と行数」
「誤りと思われる記載」
「正しいとお考えになる記載とその根拠」
を明記してください。
なお、回答までに1週間前後を要する場合もございます。あらかじめご了承ください。

① ウェブページ「Cyber Book Store」内の「お問合せフォーム」より問合せをする

【お問合せフォームアドレス】

https://bookstore.tac-school.co.jp/inquiry/

② メールにより問合せをする

【メール宛先 TAC出版】

syuppan-h@tac-school.co.jp

※土日祝日はお問合せ対応をおこなっておりません。
※正誤のお問合せ対応は、該当書籍の改訂版刊行月末日までといたします。

乱丁・落丁による交換は、該当書籍の改訂版刊行月末日までといたします。なお、書籍の在庫状況等により、お受けできない場合もございます。
また、各種本試験の実施の延期、中止を理由とした本書の返品はお受けいたしません。返金もいたしかねますので、あらかじめご了承くださいますようお願い申し上げます。

TACにおける個人情報の取り扱いについて
■お預かりした個人情報は、TAC(株)で管理させていただき、お問合せへの対応、当社の記録保管にのみ利用いたします。お客様の同意なしに業務委託先以外の第三者に開示、提供することはございません(法令等により開示を求められた場合を除く)。その他、個人情報保護管理者、お預かりした個人情報の開示等及びTAC(株)への個人情報の提供の任意性については、当社ホームページ(https://www.tac-school.co.jp)をご覧いただくか、個人情報に関するお問い合わせ窓口(E-mail:privacy@tac-school.co.jp)までお問合せください。

(2022年7月現在)